KATRIN LUGERBAUER
Bienenfreundlich
Gärtnern
Pflanzideen für alle Standorte
blv

Was Sie in diesem Buch finden

Vorwort

Bienen gehören für uns zu einer intakten Umwelt dazu – kein Wunder: Sie bestäuben unsere Obstbäume, tragen zur Vermehrung von Pflanzen bei und die Honigbienen, besonders fleißige Vertreter, sammeln für uns auch noch Honig. Doch leider werden sie in der gegenwärtigen, intensiv genutzten Kulturlandschaft zunehmend bedrängt. Eintönige Wiesen, Felder ohne blühende Raine und immer weniger Hecken und Bäume bedeuten Nahrungsmangel für sie und alle anderen Insekten. Dabei genießen Honigbienen aufgrund ihrer Bekanntheit einen Vorteil: Immer mehr Menschen interessieren sich für ihren Erhalt und zahlreiche Projekte machen darauf aufmerksam, wie wir zu ihrem Schutz beitragen können. Viel weniger bekannt sind die vielfältigen Wildbienen, die eng mit den Honigbienen verwandt sind und in vielen Arten unsere Umwelt besiedeln. Sie erledigen ebenso Bestäubungsarbeit, aber ihre Lebensweise ist verborgener, denn sie bilden keine Völker und leben einzeln. Man kann daher keinen Honig von ihnen ernten und auch kein Wachs. Unter den Hunderten bei uns heimischen Wildbienen befinden sich etliche Spezialisten: Sie benötigen bestimmte Pflanzen zur Ernährung, manche stellen hohe Anforderungen an den Nistplatz und alle gemeinsam sind von der Eintönigkeit unserer Kulturlandschaft massiv bedroht. Neben den Bienen profitieren aber auch Schmetterlinge, Käfer und alle anderen Insekten und damit verbunden auch weitere Tiere von aufmerksamer und naturfreundlicher Gartenbearbeitung.

In allen diesen Bereichen können Gärtnerinnen und Gärtner entscheidende Beiträge leisten: Die immer noch wachsende Begeisterung für Gärten könnte hier helfen, denn die Fläche aller Privatgärten ist enorm – und schon kleine Hilfestellungen können für Insekten eine große Unterstützung sein. Gerade die Vielfalt an Lebensräumen, die ein Garten bieten kann, ist hier ein Vorteil: Blumenbeete wechseln sich ab mit Gemüseanbau, Teiche sind ebenso zu finden wie Hecken, blühende Bäume und die eine oder andere Blumenwiese. Jeder Garten kann einen Beitrag dazu leisten, Honigbienen und ihren wilden Verwandten das Leben zu erleichtern – wir müssen nur wissen, welche Maßnahmen am sinnvollsten sind. In fast allen Fällen bedeutet eine bienenfreundliche Gestaltung keinen Nachteil, sondern eine positive Erweiterung, weil Insekten besonders Blüten benötigen – etwas, was uns im Garten am allermeisten fasziniert. Dazu muss mit dem Vorurteil aufgeräumt werden, dass nur wilde, ungepflegte Gärten für die Umwelt hilfreich wären. Es kommt vielmehr auf die Auswahl an verwendeten Pflanzen und einige Grundsätze in der Bearbeitung an, die den Unterschied zwischen wertvollem Biotop und lebensleerer Grünfläche ausmachen. Mit ein wenig Entgegenkommen in der Pflanzenauswahl können diese Voraussetzungen noch weiter verbessert werden und dazu beitragen, dass Wildbienen auch in Ihrem Garten heimisch werden – dafür möchten die folgenden Seiten sensibilisieren.

Katrin Lugerbauer

Bienen und Insekten – warum ist Schutz nötig?

Weil ihre Nahrungspflanzen in unserer Umwelt immer weniger Platz finden, geraten Insekten in Bedrängnis – allen voran spezialisierte Arten wie Honigbienen und ihre unbekannteren Verwandten, die Wildbienen. Sie alle profitieren von artenreichen Gärten, naturnaher Bearbeitung und blühenden Beeten.

Artenarmut in der Kulturlandschaft – Gärten als Oasen

Egal ob Schmetterling, Honigbiene oder Hummel: Alle Insekten, die in Verbindung mit Pflanzen leben, sind abhängig von einer artenreichen Umgebung. Einige von ihnen sammeln Nektar und Pollen und brauchen daher während der gesamten Vegetationszeit Blüten, andere – besonders Schmetterlinge – fressen als Raupe das Blattwerk von nur einer Pflanzenfamilie, manche sogar nur das einer einziger Art. Fehlen all diese Faktoren, werden sie zu selten, oder verschwindet die Pflanze, dann geht auch die zugehörige Tierart verloren.

Genau das ist in den vergangenen Jahrzehnten in Mitteleuropa leider häufig passiert. Bis vor mehr als hundert Jahren wurden Tiere im Sommer auf Weiden gehalten, und um sie im Winter ernähren zu können, wurde Heu gewonnen. Diese Art der Tierhaltung erforderte eine große Anzahl an Freiflächen – und förderte die Verbreitung von Tier- und Pflanzenarten, die in verschiedenen Typen von Wiesen lebten. Beginnend mit der Technisierung der Landwirtschaft, die nach dem Zweiten Weltkrieg überall einsetzte, hielten Traktoren Einzug, die eine wert-

Streuobstwiesen bieten im Frühling große Mengen an Nahrung – ab dem Frühsommer finden die Bienen kaum mehr Futter, weil die Wiesen wenig Blütenpflanzen enthalten.

volle Hilfe beim Heuen und Ernten wurden. Gleichzeitig begann man, Nutztiere ganzjährig im Stall zu halten, wodurch große Mengen an Mist und Gülle anfielen, die man schließlich mit Maschinen auf den Wiesen verteilte. Auf den Feldern, wohin man den Mist vorher ausgebracht hatte, kamen nun mineralische Dünger zum Einsatz, die genau auf die Bedürfnisse der Kulturen abgestimmt wurden. Jene Wiesen, die mit dem Traktor nicht zu bearbeiten waren, ließ man verwalden oder forstete sie aktiv auf. Dazu wurden feuchte Wiesen dräniert, damit die Maschinen nicht versanken und Bäume und Hecken gerodet, da sie den immer breiteren Erntemaschinen im Weg standen. Gleichzeitig sank der Anteil der in der Landwirtschaft Beschäftigten, viele zogen eine geregelte Arbeit dem Leben am Hof vor und die Größe der landwirtschaftlichen Betriebe nahm kontinuierlich zu, während ihre Zahl noch immer sinkt.

Binnen weniger Jahre, von der Nachkriegszeit bis Anfang der 70er-Jahre, wandelte sich daher die Landschaft völlig: Felder wurden zusammengelegt und die artenreichen Raine verschwanden, die vielen Wiesen wurden bis an den Wald heran gedüngt und in höheren Lagen verwaldeten die Magerwiesen, weil eine Bearbeitung zu zeitintensiv geworden war. Leidtragende waren all jene Tiere und Pflanzen, die sich über Jahrtausende gemeinsam mit dem Menschen auf seinen Wiesen und Weiden ausgebreitet hatten: Ihre Lebensräume verschwanden entweder ganz oder wurden durch eine

Eine Magerwiese blüht auch im Juni noch üppig und bietet für viele Tiere Nahrung und Rückzugsmöglichkeit. Eine Mahd erfolgt nur einmal im Juli.

veränderte Pflanzenzusammensetzung wertlos – oft innerhalb weniger Jahre. Heute wächst auf einer Wirtschaftswiese, die bis zu fünfmal im Jahr gemäht wird, nur mehr eine Handvoll verschiedener Pflanzen. Eine weitere Belastung ist die Herstellung von Silage, für die schon im April gemäht wird. Damit erfolgt der Wiesenschnitt, bevor die Pflanzen Saat ansetzen können, ja meist sogar bevor die ersten Blüten erscheinen. Solche Wiesen machen den größten Teil des Grünlands aus – und sind für Insekten kein Lebensraum mehr.

Gärten können genau hier einspringen: Nicht nur die Bereitstellung von Nektar und Pollen, auch die vielfältigen Lebensräume, die durch Steinmauern, Staudenbeete und Teiche entstehen, bieten für Insekten mehr als intensiv genützte Kulturlandschaft. Dass eine kahl geschorene Rasenfläche und eine Kirschlorbeerhecke hier keinen Vorteil bieten, liegt auf der Hand, aber jeder, der im Garten auf Pflanzenschutzmittel verzichtet und seinen Garten nicht genauso penibel putzt wie seine Wohnung, kann einen Beitrag leisten. Für Bienen und andere Bestäuber sind vielfältige Blüten das ganze Jahr über hilfreich, besonders naturbelassene Arten und ungefüllte Blüten sind beliebt. Für die kleineren Insekten – viele von ihnen leben im Boden – ist jede Fläche, die nicht ständig geharkt oder mit dem Rasenmäher geschoren wird ein Vorteil. Ihnen ist zudem geholfen, wenn der Rückschnitt der Beete erst im Frühling erfolgt und sie im welken Kraut überwintern können. Ideal ist auch die Bereitstellung von Nistmöglichkeiten, wobei es nicht immer ein klassisches Insektenhotel sein muss, auch geeignete Holzstücke unterm Dachvor-

Sobald eine Wiese gedüngt wird, setzen sich die Gräser durch und die viel zarteren Blütenpflanzen wie auf dem Bild werden nach und nach verdrängt.

sprung der Gartenhütte oder ein Totholzhaufen bieten Lebensraum und sind leicht in einen Garten zu integrieren.

Besonders viele Tiere profitieren jedoch noch immer von blühenden Wiesen. Die artenreichsten Pflanzengemeinschaften entstehen dabei vor allem auf mageren Böden und sollten nicht mit den als Saatgut überall erhältlichen Bienenweidemischungen verwechselt werden, die zwar aufgrund der vielen einjährigen Pflanzen Blütenreichtum bieten, aber nicht dauerhaft sind. Dauerhafte Wiesen beinhalten einen großen Anteil mehrjähriger Pflanzen und erfordern eine regelmäßige Mahd, so wie früher Grünland bewirtschaftet wurde. Ein Stück des Gartens einfach sich selbst zu überlassen funktioniert daher nicht, es sei denn, man möchte längerfristig Wald. Darüber hinaus sind Gärten zwar eine wertvolle Hilfe, können aber nie Ersatz für eine intakte Umwelt bieten! Das zeigt sich auch bei den Wildbienen, von denen nur ein Teil aller vorkommenden Arten in unseren Gärten zu beobachten ist. Das liegt daran, dass einige stark spezialisiert sind und ihre Nistplätze (z. B. Lössabhänge) nicht überall vorkommen. Viele andere benötigen aber schlicht weniger Eingriffe und mehr Natur, wie etwa Arten, die in welken Brombeerstängeln brüten. Hier ist Aufklärung die halbe Miete: Natürlich kann nicht in jedem Garten ein Brombeerdickicht untergebracht werden – aber wer den Zusammenhang erkennt, lässt dann vielleicht ein paar Stängel stehen. Auf diese Weise kann der Lebensraum Garten aufgewertet werden. In vielen Fällen sind dazu nur ein paar geänderte Arbeitsabläufe notwendig, vorausgesetzt, man weiß Bescheid.

In diesem Hausgarten ist eine Ecke unter einem alten Apfelbaum für Himbeeren und Lungenkraut reserviert worden – ideale Bedingungen für Wildbienen!

Insekten und Bestäubung

Weil Pflanzen ortsfest sind, brauchen sie Hilfe, damit ihre Pollen auf die Narbe einer anderen Blüte gelangen. Nur dann können Samen entstehen und so können sich Pflanzen vermehren. In der Entwicklung der Blütenpflanzen hat es sich für viele als Vorteil erwiesen, nicht auf eine Pollenverbreitung durch Wind oder Wasser zu vertrauen – das trifft noch immer auf viele Gräser und Bäume zu (Pollenallergiker sind mit dem Thema vertraut) –, sondern auf die Hilfe von Bestäubern zu setzen. In unseren Breiten sind das in erster Linie Insekten, also Bienen, Schmetterlinge und andere, wie etwa Käfer, in den Tropen werden manche Blüten sogar von Vögeln und Fledermäusen bestäubt.

Der Mechanismus funktioniert immer gleich: Angelockt durch Nektar, eine auffällige Blüte oder den Pollen selbst fliegt ein Tier zu einer Blüte, wobei Pollen an seinem Körper kleben bleiben. Besucht es nun eine andere Blüte der gleichen Art, kommt diese in Berührung mit dem Pollen und wird somit erfolgreich bestäubt. Von diesem Ablauf gibt es unzählige und zum Teil äußerst verblüffende Abwandlungen: So imitieren manche Pflanzen ein Insekt, um paarungswillige Exemplare zum Landen zu verleiten, andere drücken mit einer mechanischen Vorrichtung, die beim Hineinkriechen in die Blüte aktiviert wird, den Pollen auf die Bestäuber. Einige Pflanzen haben sich mithilfe der Blütenform auf eine Art von Bestäubern spezialisiert, die dann vorrangig diese Blüten aufsuchen. So wird der Verlust von Pollen auf anderen Blüten vermieden.

Umgekehrt haben sich auch die Insekten an die Pflanzen angepasst: So haben einige, wie etwa Schmetterlinge, lange Rüssel entwickelt, um an den Nektar zu gelangen. Bei vielen läuft die Entwicklung der Larven auf einer bestimmten Futterpflanze ab, die meist in einem Lebensraum vorkommt, der später auch für das ausgewachsene Tier genügend Futter bereithält.

In dieser für uns fremden Welt wimmelt es von Kuriositäten. So täuschen manche Pflanzen auf ihren Blüten mithilfe von Behaarung oder Färbung vor, mehr Pollen bereitzustellen, weshalb sie für Insekten attraktiver wirken, andere locken mit mehreren Nektarien, stellen aber nur an einigen davon auch Nektar zur Verfügung. Manche, wie etwa einige Orchideen, tragen überhaupt keinen Nektar, ähneln aber Pflanzen, die im selben Lebensraum vorkommen, weshalb sich eifrig sammelnde Insekten hin und wieder täuschen lassen und auf ihnen landen – und schon ist die Bestäubung erfolgt. Diese Tricks helfen, mit weniger ressourcenintensiven Produkten wie Nektar und Pollen es sind, trotzdem Insekten anzulocken. Und auch diese sind nicht einfallslos: Einige Hummeln beißen Blüten, in die sie nicht hineinpassen, einfach auf und gelangen so an den Nektar, ohne Pollen zu übertragen.

Allen Pflanzen gemeinsam ist, dass sie um die Aufmerksamkeit der Bestäuber buhlen – und deshalb Blüten entwickelt haben, die auch für uns Menschen schön sind, obwohl wir nichts mit der Bestäubung zu tun haben.

Die Lebensweise der Honigbiene

Honigbienen sind für uns Menschen enorm wichtig. Sie sind Nutztiere und müssen in unseren Breiten, wie Kühe oder Schweine, von jemandem gehalten und gepflegt werden, damit sie überleben und ihre Bestäubungsarbeit, die nebenbei sogar noch Honig einbringt, ausüben können. Der Honig und das Bienenwachs, aus dem ihre Waben bestehen, sind der Grund, warum Bienen schon seit mindestens 9000 Jahren von uns Menschen gehalten werden. Bis zum Anfang des vorigen Jahrhunderts gab es in Europa parallel dazu noch wilde Honigbienen. Heute, wo jeder morsche Baum, in dessen Höhlen die Bienen früher lebten, aus dem Wald entfernt wird und Pestizide, Varroamilben und veränderte Lebensräume sie bedrohen, gelten wilde Honigbienen – bis auf wenige Ausnahmen – als ausgestorben.

Alle Honigbienen, denen wir im Garten begegnen, haben ihre Heimat daher in einem Bienenstock. Dieser wird »Beute« genannt und ist eine Behausung, die vom Imker zu Verfügung gestellt wird. Meistens besteht sie aus mehreren Etagen, in die Rahmen mit Wachsplatten gehängt werden, auf denen die Bienen dann die typischen Waben aufbauen, in denen sie wahlweise Jungbienen heranziehen oder Nektar und Pollen einlagern. Jedes Bienenvolk hat eine Königin, die als einzige Eier legt und damit das Volk am Leben erhält. Daneben leben im Volk eine Vielzahl weiblicher Bienen, die aus befruchteten Eiern schlüpfen, und einige männliche Bienen, die Drohnen genannt werden und aus unbefruchteten Eier entstehen. Bienen durchlaufen nach dem Schlüpfen eine Reihe von Aufgaben wie die Pflege der Jungbienen und das Säubern ihrer Behausung, ehe sie als Sammelbienen außerhalb des Bienenstocks aktiv sind. Ein Bienenvolk kann im Sommer 60 000 und mehr Individuen umfassen, im Winter sind es aufgrund der Brutpause viel weniger, oft nur wenige tausend, die dafür länger leben. Bienen halten die Temperatur im Volk während des Brütens auf etwa 35 °C, indem sie mit Muskelzittern »heizen« und durch Fächeln von Luft und die Verteilung von herbeigeholtem Wasser kühlen. Im Winter unterbrechen sie das Brüten, der Stock kühlt ab und die Bienen rücken in der sogenannten Wintertraube enger zusammen, um Energie zu sparen. Im Spätwinter erwärmen sie den Stock schließlich wieder auf die nötigen 35 °C, um mit der Brut zu beginnen – so wird sichergestellt, dass zur Hauptblütezeit im Frühling wieder genug Sammelbienen vorhanden sind.

Vonseiten des Imkers wird dem Bienenvolk zur passenden Zeit Platz geschaffen, es wird Brut entnommen, um neue Völker zu bilden, und Königinnen werden gezielt gezüchtet, um erwünschte Eigenschaften zu erhalten. Er erntet auch den Honig und füttert stattdessen Zuckersirup zu und behandelt die Bienen, um ihnen die Varroamilbe, einen gefährlichen Parasiten, vom Leib zu halten.

Wenn ein Bienenvolk in »Schwarmstimmung« gerät, folgt es seinem natürlichen Vermehrungstrieb: Um neue Königinnen heranzuziehen, werden nun die Larven der Königin mit anderem Futter als die Arbeitsbienen gefüttert, mit dem sogenannten Gelée Royal. Wenn der Imker nicht eingreift oder diese Entwicklung übersieht, »schwärmt« das Volk: Die alte Königin verlässt mit einer Schar Bienen den Bienenstock, um der neuen Platz zu machen. Diese fliegt einige Tage nach dem Schlüpfen aus dem Stock, aber alleine, und paart sich mit mehreren Drohnen. Danach kehrt sie zu ihrem Volk zurück und beginnt mit der Eiablage. Der Vorrat an Spermien von diesem einen Ausflug reicht dann für ihr gesamtes restliches Leben, das bis zu fünf Jahren dauern kann.

Honigbienen sind für die Landwirtschaft von großer Bedeutung, weil sie gezielt eingesetzt werden können, um Pflanzen zu bestäuben. Es ist sogar möglich, mit Bienenstöcken mehrmals den Ort zu wechseln, um einerseits Bestäubung verschiedener Kulturen zu ermöglichen und andererseits Sortenhonige zu erzeugen. Waldhonig besteht im Gegensatz zum Blütenhonig nicht aus dem Nektar von Blüten, sondern wird aus den Ausscheidungen verschiedener Lausarten gewonnen, die an Nadelbäumen und seltener auch an Laubbäumen saugen.

Das Leben der Bienen ist voller spannender Details und zum Teil noch immer unerforschter Einzelheiten. So ist die Kommunikation der Bienen untereinander zwar zum Großteil entschlüsselt, wie die Bienen Entscheidungen treffen – beispielsweise, welche Blüten sie besuchen, wie ein Schwarm sich für einen Nistplatz entscheidet oder wie die Arbeiten im Stock organisiert werden –, ist noch immer nicht ganz geklärt.

Im Mai herrscht am Flugloch reger Betrieb: Die Bienen sammeln Pollen und Nektar in großer Zahl. Um diese Jahreszeit wächst das Volk am stärksten und braucht dementsprechend viel Nahrung.

Wildbienen und andere Insekten

Im Gegensatz zu Honigbienen sind Wildbienen tatsächlich wildlebend. Insgesamt sind in Europa je nach Region zwischen 500 und 700 Arten heimisch, die auch unterschiedlich aussehen, verschiedene Lebensräume belegen und sich auf verschiedene Art und Weise vermehren. So bilden beispielsweise einige Hummeln, die wohl bekanntesten Wildbienen, wie Honigbienen Völker, während Solitärbienen ganz alleine für ihre Brut sorgen und »Kuckucksbienen« wiederum ihre Eier in die Brutzellen anderer Arten schummeln und sie dort aufziehen lassen. Der Anteil von Wildbienen an der Bestäubung schwankt von Lebensraum zu Lebensraum, man geht jedoch davon aus, dass er einen weitaus höheren Stellenwert einnimmt als bisher angenommen. So fliegen Hummeln und viele andere Wildbienen schon bei deutlich geringeren Temperaturen als Honigbienen, steuern in der gleichen Zeit mehr Blüten an und bestäuben daher effektiver. Für die Landwirtschaft ist es deshalb von Nutzen, nicht nur auf Honigbienen, sondern auch auf Wildbienen zu setzen.

Dabei gibt es aber einige Hürden. Denn nur wenige Wildbienen bilden Staaten, erreichen also wie Honigbienen eine größere Anzahl pro Vorkommen – über 90 Prozent aller Arten leben einzeln, wobei jeweils die Weibchen ein

Hummeln lieben wie auch Bienen Mohnblüten und steuern sie schon frühmorgens an.

Die zweifarbige Schneckenhaus-Mauerbiene tarnt ihr Schneckenhaus-Nest mit Ästchen.

einzelnes Nest mit einigen Eiern bauen. Als »Proviant« für ihre schlüpfenden Jungen – die nicht von der Mutter gepflegt werden – sammelt die Wildbiene Pollen und Nektar. Ein Lebensraum muss daher nicht nur Blüten bieten, sondern auch Möglichkeiten für den Bau eines Nests. Erschwerend kommt hinzu, dass viele Wildbienen Spezialisten sind: Sie sammeln nur den Pollen einer Pflanzenfamilie oder gar nur einer einzigen Art und häufig sind auch die Orte für ihr Nest an eine bestimmte Pflanze gebunden. Etwa zwei Drittel der Wildbienen siedeln im Boden, der Rest in Holz, Schneckenhäusern oder anderen Materialien. Was ihnen daher am meisten hilft, sind abwechslungsreiche, naturbelassene Landschaftsteile, in denen Waldränder, Trockenwiesen, ungestörte Freiflächen und ausreichend Material für den Nestbau

Weil Wildbienen keinen Bienenstock haben, übernachten sie oft an Blüten.

Wer bestäubt überhaupt?

- **Bienen**: allgemeine Bezeichnung für Vertreter aus der artenreichen Familie der Hautflügler
- **Honigbienen**: einzelne Bienengattung, die Staaten bildet und von der Honig und Wachs gewonnen werden
- **Wildbienen**: verschiedene solitär (einzeln) lebende Bienenarten, Begriff dient der Abgrenzung zu Honigbienen
- **Hummeln**: staatenbildende, wildlebende Bienengruppe, in Mitteleuropa leben etwa 35 Arten
- **Wespen**: Überbegriff für mehrere Familien – einige staatenbildende Arten wie die bekannte Deutsche Wespe oder die Hornisse, viele weitere solitär lebende Arten
- **Schwebfliegen**: sehen ähnlich aus wie die vorherigen Arten, aber kein Nestbau – Larven leben auf der Oberfläche von Pflanzen, viele fressen Blattläuse (etwa 500 heimische Arten)
- **Schmetterlinge**: zahlreiche Tag- und Nachtfalter (etwa 4000 Arten)
- **Käfer**: einige Arten tragen ebenfalls zur Bestäubung bei

(Lehm, Sand, bestimmte Pflanzen) sowie genügend Blütenpflanzen für Nektar und Pollen vorkommen. Weil genau solche Lebensräume immer seltener werden, geraten Wildbienen zunehmend in Bedrängnis. Häufig finden sie in Siedlungsgebieten passende Bedingungen vor, weshalb unseren Gärten eine hohe Bedeutung bei ihrem Schutz zukommt.

Die Auswahl der für sie passenden Pflanzen gestaltet sich jedoch schwerer als bei ihren honigproduzierenden Verwandten, den Bienen. Diese sind nicht besonders wählerisch und steuern alle Blüten an, die ausreichend Nektar und Pollen bereitstellen. Das liegt daran, dass Honigbienen große Völker bilden, die darauf angewiesen sind, dass ihre Sammelbienen Nektar und Pollen in ausreichender Menge sammeln – nämlich nicht nur für den aktuellen Bedarf, sondern auch für einen Vorrat, der den Winter über reichen muss. Pflanzen, die große Mengen an den benötigten Stoffen bereitstellen, werden als »Trachtpflanzen« bezeichnet und können dort, wo sie in großer Zahl vorkommen, sogar zur Ernte ganz spezieller Honigsorten verwendet werden, wie etwa Raps-, Kastanien- oder Akazienhonig. Auch im Garten sind sie vor allem auf Pflanzen zu finden, die ihnen viel bieten. Zu den bekanntesten Bienenweidepflanzen gehören Lavendel, Katzenminze *(Nepeta)* und Duftnessel *(Agastache)*.

Für Wildbienen sind besonders heimische Pflanzen wichtig, weil sie sich auf diese spezialisiert haben. Einige Pflanzenfamilien sind besonders beliebt und werden auch in der Gartenkultur und im Gemüseanbau gerne verwendet. Dazu gehören – unter anderem – Lauchgewächse (Zierlauch, Gemüsezwiebel), Doldenblütler (Dill, Fenchel, Karotte), sämtliche Korbblütler (Margerite, Astern), Raublattgewächse (Lungenkraut, Vergissmeinnicht, Borretsch), Lippenblütler (Salbei, Katzenminze, Ehrenpreis), Karden (Skabiosen, Witwenblu-

Die Große Holzbiene ist ein beeindruckendes, völlig harmloses Tier.

Scherenbienen verschließen ihre Nester mit kleinen Blattstücken.

men), Schmetterlingsblütler (Wicken, Klee, Blauregen), Malvenartige (Stockrosen, Eibisch), Kreuzblütler (Senf, Rauke) Hahnenfußgewächse (Anemonen, Akelei, Winterlinge), Rosenartige und heimische Gehölze wie etwa Weiden. Alle diese Pflanzen sind auch für Honigbienen interessant, weshalb es auf jeden Fall ein Vorteil ist, sie vermehrt im Garten zu verwenden. Auffällig viele nutzbringende Arten befinden sich unter den Küchenkräutern, weshalb einige Wildbienenarten ohnehin häufig in menschlichem Umkreis zu finden sind.

Da manche Wildbienen jedoch nur an einer einzigen Art fressen (sie sind »oligolektisch«), sind sie weniger flexibel und anfälliger bei Lebensraumverlust. Sie sind besonders selten zu finden, da sie unmittelbar an das Vorkommen »ihrer« Pflanze gebunden sind. Andere Arten sind flexibler und daher in Gärten häufiger anzutreffen.

Attraktiv für Insekten ist in jedem Fall eine natürliche Bearbeitung mit jeder Menge naturbelassener Ecken, wo sie nisten können und Material dazu finden – und verschiedene Pflanzenarten, die rund ums Jahr blühen. Eine enorme Aufwertung jedes Gartens ist daher die Anlage einer Blumenwiese. Schon eine kleine Insel inmitten des gewohnten Rasens kann so zu einer ökologischen Nische werden, die nicht nur für Bienen interessant ist, sondern auch Schmetterlingen, Schwebfliegen, Heuschrecken und anderen zur Heimat wird. Bei der Anlage naturnaher Flächen ist meist rasch ein Erfolg zu verbuchen, denn ein Naturgarten ist imstande, erstaunlich viele Tiere anzulocken, was besonders für Kinder einen interessanten Zeitvertreib ermöglicht.

Auch diese Scheckenfalter profitieren von naturnahen Gärten.

Rosenkäfer tragen ebenfalls zur Bestäubung von Blüten bei.

Sinnvolle Nisthilfen

Bei der Gartengestaltung auf Insekten Rücksicht zu nehmen hilft nicht nur den betroffenen Arten, sondern auch einer Vielzahl weiterer Tiere, die entweder als Fressfeinde direkt profitieren oder vom erweiterten Nahrungsangebot und den Versteckmöglichkeiten eines tierfreundlichen Gartens angelockt werden. Aus diesem Grund ist der Schutz von Insekten nicht immer nur für eine einzelne Art hilfreich, sondern für eine oft unüberschaubare Anzahl anderer Arten, die direkt oder indirekt mit ihr in Wechselwirkung stehen.

In der Kulturlandschaft Mitteleuropas konnten trotz aller Veränderungen naturnahe und artenreiche Landschaftsreste erhalten bleiben. Diese sind aber häufig weit voneinander entfernt und ein Austausch der jeweiligen Individuen – sowohl von Tieren als auch von Pflanzen – ist nur schwer möglich. Genau hier können Gärten eine entscheidende Rolle übernehmen. Denn auch wenn sie nie das Ausmaß von Naturschutzgebieten erreichen und keine zerstörten Lebensräume ersetzen können, so sind sie doch Refugium und möglicherweise Ausgangspunkt für erfolgreiche Rückbesiedelungen.

Eine wertvolle Unterstützung für Wildbienen ist das Anbringen von Nisthilfen. »Insektenhotels«, wie solche Bauten meist genannt werden, gibt es in fast jedem Baumarkt. Leider ist der überwiegende Großteil dieser Angebote falsch

Auch in Stücke gesägter Bambus ist ideal: Er splittert nicht so leicht wie Schilf, ist lange haltbar und in Form von Sichtschutzzäunen überall erhältlich.

dimensioniert, unsachgemäß erstellt oder zu stark an ästhetischer Wirkung orientiert. Gewöhnliche Hohlziegel, Zapfen von Nadelbäumen, loses Holzmaterial, Schneckenhäuser, die nicht am Boden liegen und Schilfröhrchen, deren Mark nicht herausgebohrt wurde oder die beim Sägen gequetscht wurden, werden leider nicht besiedelt – obwohl sie in fast allen gängigen Insektenhotels zu finden sind. Die Folge sind enttäuschte Naturfreunde und der Trugschluss, Bienen würden solche Angebote nicht nutzen oder es würde keine geben.

Wichtig bei einem Insektenhotel ist daher vor allem das verwendete Material. Bei Holz sollte es sich um abgelagertes Hartholz handeln, da dieses am wenigsten zerspringt. Bekommt es nämlich Risse, kann Feuchtigkeit in die Niströhren der Bienen gelangen, was Schimmelbildung und Parasiten fördert. Aus dem gleichen Grund sind Bohrungen ins Längsholz günstiger – die Jahresringe sollten also auf der Vorderseite der Nisthilfe nicht zu sehen sein. Die Bohrungen selbst müssen sauber gesetzt sein und an der Vorderseite geschliffen werden, da kleine Holzsplitter die Flügel der Bienen beim Schlüpfen ins Loch verletzen. Dabei sind tiefe Bohrlöcher praktisch, da Bienen mehrere Eier hintereinander ablegen und so mehr Platz zur Verfügung haben. Hinten offene Röhren werden nicht besiedelt. Das trifft auch auf Schilfröhrchen zu. Sie sollten so gesägt werden, dass der natürliche »Knoten« des Schilfs jeweils das Ende ergibt. Danach entfernt man das Mark. Auf die gleiche Art und Weise können Bambusstäbe und sämtliche holzige Staudenstängel aus dem Garten verwendet werden.

Tipps für Nisthilfen

Gerade beim Selberbasteln lohnt es sich, vor dem Bau genaue Informationen einzuholen und nur geeignetes Material zu verwenden. Informationen findet man auf der Seite des NABU (www.nabu.de), unter www.wildbienen.de/wbschutz.htm und unter www.wildbienen.info/artenschutz/.

Biberschwanzziegel haben kleinere Löcher und können gestapelt werden, sie sind besser geeignet als normale Hohlkammerziegel. Diese können jedoch gut als Halterung für die wie oben präparierten Schilf- oder Staudenstängelröhrchen verwendet werden, indem man diese einfach in die Löcher steckt. Dass sie überstehen, stört die Bienen nicht.

Wildbienen benötigen glattrandige Löcher. Im Handel angebotene Bienensteine aus Ton oder Papprollen mit unterschiedlichem Durchmesser werden gerne angenommen.

Naturnahes Gärtnern – was ist das?

Naturschutz beginnt im Kleinen: Manchmal reicht die Änderung eines Arbeitsablaufs oder das Verstehen eines Zusammenhangs, um Tieren und Pflanzen eine bessere Basis zu bieten. Ein Garten hat dabei das Potenzial, zu einer wertvollen Oase zu werden.

Grundsätze des naturnahen Gärtnerns

Nah an der Natur zu sein ist für viele Gartenbesitzer die Hauptmotivation, im Grünen tätig zu werden. Und tatsächlich kommt es selbst auf der kleinsten Dachterrasse, im schattigen Hinterhof oder im Blumenbeet einer Neubausiedlung sofort zum Kontakt mit Natur: Insekten und Vögel sind aufgrund ihrer Mobilität besonders schnell darin, neue Lebensräume zu erschließen, aber auch Pflanzen tauchen aus bereits vorhandenen Samen scheinbar von selbst auf. Und so müssen wir jäten, um unsere gepflanzten Stauden nicht im Unkraut untergehen zu lassen, wir müssen Schnecken abwehren und Blattläuse zerdrücken. Es stehen ständig Entscheidungen an: Für oder gegen einzelne Pflanzen, im Umgang mit ungebetenen Gästen wie Schnecken, zur Arbeitsweise im Garten, über den Mährhythmus des Rasens und überhaupt den Rasen selbst. Wäre nicht eine Wiese viel schöner? Und genau hier setzt der Gedanke des naturnahen Gärtners an: Wer bei all diesen Entscheidungen die Natur und ihre Bewohner im Hinterkopf hat, wird andere Ergebnisse erhalten als jemand, der sich nach englischem Rasen, akkurat geschnittener Thujenhecke und geharkten Beeten sehnt.

Ein Zauneidechsenweibchen sonnt sich auf einem Legsteinhaufen. Diese Art ist anpassungsfähig und siedelt sich gerne in naturnahen Gärten an.

Darüber hinaus existieren einige Grundsätze, die das Fundament naturnahen Gärtnerns bilden. Besonderen Stellenwert hat eine unabdingbare Regel: der Verzicht auf chemische Pflanzenschutzmittel, also jegliche Spritzmittel gegen unerwünschte Pflanzen, ungeliebte tierische Besucher wie Schnecken, Läuse und andere sowie Mittel gegen Pilzerkrankungen an Pflanzen wie beispielsweise Mehltau oder Braunfäule an Nachtschattengewächsen. Stattdessen werden Pflanzen am richtigen Standort gehalten, um ihre Widerstandsfähigkeit gegen Erkrankungen zu verbessern, und es wird versucht, natürliche Gegenspieler von Schädlingen im Garten anzusiedeln. So sind viele Tiere, die im Umkreis unserer Gärten vorkommen, durchaus in der Lage, Blattläuse und Schnecken im Schach zu halten – aber dazu muss ihnen der Garten genug Unterschlupfmöglichkeiten bieten. Genau hier setzt ein weiterer Gedanke an: Indem man Vögeln aktiv Nistmöglichkeiten bietet, für Igel und Kröten sowie für Eidechsen Totholzhaufen und Steinschlichtungen bereithält und im Herbst nicht alles abschneidet, sondern Pflanzen stehen und Laub liegen lässt, finden sich Nützlinge ein, die im Garten für Gleichgewicht sorgen. Natürlich braucht so eine Entwicklung Geduld. Gerade neu angelegte Gärten sind für viele Tiere zu offen und einsehbar und daher wenig attraktiv. Deshalb ist ein wichtiger Schritt im naturnahen Garten das Pflanzen von Hecken mit für Tiere brauchbaren Blüten und Früchten sowie das Integrieren von Gehölzen. Dazu muss kein riesiger Baum gepflanzt oder ein ganzer Wald angelegt werden, aber geschickt gewählte Bäume bilden mit den Blüten

Totholzhaufen sind wertvolle Lebensräume für Insekten, Reptilien und Amphibien. Wenn möglich, sollten sie 50 cm in den Untergrund reichen.

für Insekten, den Rückzugsmöglichkeiten für Vögel und eventuell sogar Früchten ein eigenes, kleines Ökosystem, von dem weitere Tiere profitieren.

Für Bienen und ihre wilden Verwandten, um die es in diesem Buch hauptsächlich geht, sind Gehölze eine wichtige Nahrungsquelle. Keine Blume im Beet kann so viel Nektar und Pollen bereitstellen wie ein blühender Apfelbaum, eine Kornelkirschenhecke oder die Blüten eines Ahorns. Aus Platzgründen wird in Hausgärten häufig auf Gehölze verzichtet – dabei macht erst ein gut platzierter Schattenbaum einen Garten so richtig wohnlich und ökologisch wertvoll.

Doch auch Blumenbeeten kommt eine wichtige Bedeutung zu. Besonders Wildbienen profitieren von vielfältigen Unterschlupfmöglichkeiten und Gartenbereichen, die nicht blitzsauber geharkt und geschnitten werden. So benötigt die Gruppe der Mauerbienen sandige Stellen an Hängen, wo die Tiere Löcher graben können, markhaltige Pflanzenstängel, die sie aushöhlen, oder auch altes Holz, in dem sie Löcher besiedeln. Da diese Arten Insektenhotels besonders leicht annehmen, werden sie in manchen Regionen der Erde neben Honigbienen zur Bestäubung eingesetzt, indem man ihnen Brutplätze zur Verfügung stellt; in Japan werden bereits mehr als zwei Drittel des Obsts von Mauerbienen bestäubt. Solche Insektenhotels sind auch in Gärten eine spannende Möglichkeit zur Beobachtung der sonst sehr versteckt lebenden Wildbienen. Leider sind einige der im Handel erhältlichen Hotels nicht geeignet und werden dann auch nicht besiedelt, obwohl durchaus Wildbienen im Garten vorhanden sind. Wer sich genauer informieren möchte, wie sinnvolle Nistmöglichkeiten angelegt werden, kann das auf der sehr informativen Internetseite www.wildbienen.info tun (siehe S. 23).

Wie immer gilt auch beim naturnahen Gärtnern, dass erlaubt ist, was gefällt. Denn oft geraten die Forderungen des naturnahen Gärtnerns zu dogmatisch und es entsteht der Eindruck, nur völlig naturbelassene Flächen, in denen weder gejätet noch anders eingegriffen werden darf, wären für die Natur wertvoll. Diese Haltung wirkt auf viele, denen zwar die Natur am Herzen liegt, die aber doch gern blühende Beete und einen ordentlichen Garten hätten, ziemlich abschreckend. Dabei steht ein üppiger, blütenreicher und auch gepflegter Garten nicht unbedingt im Widerspruch zum Credo des naturnahen Gartens. Schon einige Bienenweidepflanzen mehr sind eine wesentliche Verbesserung gegenüber sterilen Rasenflächen und wie ausgestorben wirkenden Granit-Splitt-Kies-Vorgärten. Und wer mit seinen Pflanzen die ersten Insekten angelockt hat, findet vielleicht auch Gefallen an mehr.

Naturnahes Gärtnern bedeutet auch, Gelassenheit und Durchhaltevermögen zu entwickeln: Ohne chemische Hilfsmittel muss vieles mit der Hand erledigt werden, sei es das Umgraben einer Wiese für Beete, das Roden von störenden Wurzelunkräutern oder das Absammeln von Schnecken. Dadurch wird auch notwendig, sich genauer mit dem Thema auseinanderzusetzen, um zu erkennen, auf welche Art einem Problem begegnet werden kann, welche Dinge zusammenspielen und wie man auf natürliche Weise beeinflussen kann, dass Pflanzen gut gedeihen. Ein wichtiger Faktor ist dabei die schon erwähnte standortgerechte Verwendung von Pflanzen: Indem man ihnen Bedingungen bietet, die sie auch in ihrem natürlichen Verbreitungsgebiet vorfinden, erhöht sich die Widerstandsfähigkeit von Pflanzen – sie wachsen üppig, bekommen festes, gesundes Blattwerk und wirken auf Schädlinge und insbesondere auf Schnecken weniger attraktiv.

Besonders gefährdet sind Pflanzen, die aus der geschützten Umgebung eines Glashauses in die raue Welt des Gartens entlassen werden. Die Temperaturschwankungen, Wind, unregelmäßige Wassergaben und direktes Sonnenlicht versetzen die Pflanze in Stress – und welke oder schlappende Pflanzen sind die ersten, die von Schädlingen befallen werden.

Aus diesem Grund lohnt es sich, Pflanzen für den Naturgarten in spezialisierten Betrieben zu kaufen, wo sie an die heimische Witterung gewöhnt sind, nicht vorgetrieben und auch nicht mit chemischen Hilfsmitteln behandelt wurden, um besonders gedrungen und handlich zu wachsen. Häufig sind im Freiland gezogene Pflanzen nicht so prächtig wie die aus dem Gartencenter, weil sie weniger gedüngt werden. Sobald sie ausgepflanzt werden, wachsen sie jedoch rasch los und sind robuster und langlebiger als ihre gepushten Verwandten, die häufig nur wenige Wochen überleben.

Kornelkirschen sind schnittverträglich und bieten als eine der ersten Pflanzen Nahrung für Insekten – ideale Voraussetzungen für die Verwendung im Garten!

Naturnahes Gärtnern – was ist zu beachten?

Wer einen neuen Garten zur Verfügung hat oder einen Teil des schon bestehenden Gartens umgestalten möchte, will am liebsten sofort loslegen. Damit eine naturnahe Gestaltung jedoch von Erfolg gekrönt ist und nicht nach einigen Jahren eine verwucherte Wildnis übrig bleibt und die Gartenbesitzer enttäuscht sind, sollte man sich vorab mit den Gegebenheiten vertraut machen. Lebensräume in der Natur sind stark von der Lichtsituation, der Bodenbeschaffenheit und der Feuchtigkeitsversorgung abhängig. So ist es ein nahezu unmögliches Unterfangen, auf feuchtem, lehmigem Boden eine Magerwiese anlegen zu wollen – immer wieder werden Brennnesseln sich ansiedeln, dichtes Gras wird die zarten Wiesenblumen erdrücken und viele werden im Frühling nicht wiederkommen, weil es im Winter zu nass geworden ist. Es ist also mehr als sinnvoll, zuerst einmal zu überlegen, an welche natürlichen Standorte der Garten ohnehin schon erinnert. So ist ein Totholzhaufen oder eine lockere Steinschlichtung in der Sonne oder am Gehölzrand ein willkommener Unterschlupf für viele verschiedene Tiere – im Schatten hinterm Haus hingegen werden vermutlich nur Schnecken darin ein Heim finden. Genauso sollten Nisthilfen für Wildbienen immer sonnig und trocken aufgestellt werden, da sie im Schatten nicht besiedelt werden.

Ungefüllte Wildrosen sind für Bienen eine wertvolle Nahrungsquelle.

Bei der Auswahl an Pflanzen sollte man Wert darauf legen, ungefüllt blühende Pflanzen zu verwenden. Denn auch wenn die puscheligen Blütenstände vieler Rosen und Zierkirschen für uns schön aussehen – sie stellen den Insekten weder Pollen noch Nektar zur Verfügung und sind daher ökologisch völlig wertlos. Auch einige Gehölze, die im Garten häufig gepflanzt werden, sind für Tiere ohne Nutzen, wie etwa die Forsythie, Thujen oder viele Rhododendren, da sie keine Nektarquelle, Pollen oder Früchte darstellen. Besonders artenarm sind moderne Kiesgärten, die neben Steinsplitt meist nur Ziergras und eine Buchskugel beinhalten. Sie sind vom ökologischen Nutzen auf gleicher Ebene wie eine Betonfläche! Dabei können Kiesflächen wunderbare Lebensräume sein – wenn man den Unterboden mit Sand abmagert und Pflanzen wie Salbei, Spornblume, Färberkamille, Fetthenne, Katzenminze, Wegwarte, Nelken und andere verwendet, die nicht nur für uns eine Aufwertung bedeuten.

Naturnah und bienenfreundlich zu gärtnern erfordert daher keinesfalls einen Verzicht; allenfalls etwas mehr Gelassenheit, was steriles Aufräumen und herbstliches Einwintern des Gartens betrifft. So ist bei vielen immer noch tief verankert, dass im Garten im Herbst aufgeräumt werden müsse – obwohl es zwischen Kahlschlag und Chaos durchaus Zwischenstufen gibt, die sowohl schön anzusehen sind als auch den Insekten Hilfestellung bieten. Denn wenn man sich erst einmal von starren Vorstellungen löst, fällt einem erst auf, wie zierend welke Samenstände sein können, wie angenehm welkes Gras im Wind raschelt und wie schön die Herbstfärbung vieler Stauden eigentlich ist.

Die Pflanzenauswahl ist unter Berücksichtigung der Nützlichkeit für Bienen kaum eingeschränkt, ganz im Gegenteil, mit heimischen Pflanzen und Wildstauden aus anderen Erdteilen wird das Repertoire eher erweitert und damit nicht nur für die Bienen, sondern auch für uns zum Gewinn. Weil viele Bienenpflanzen kleine Blüten tragen, wird man angeregt, genau hinzuschauen und nicht nur auf Blütengröße zu achten.

Trägt eine Rose hingegen gefüllte Blüten, gefällt sie nur uns Menschen. Für Bienen gibt es weder Nektar noch Pollen zu holen – solche Pflanzen sind ökologisch wertlos.

Naturnahe Gartenpflege

Kulturlandschaften würden, wenn niemand sie mehr bearbeiten würde, innerhalb weniger Jahre verwalden. Nur wenige Arten könnten längerfristig überleben und Tiere und Pflanzen, die sich über Jahrtausende an den von uns Menschen geschaffenen Typ der offenen Landschaft angepasst haben, würden verschwinden. Genauso wäre ein Grundstück, das man einfach sich selbst überlässt, nur für kurze Zeit ein wertvoller Lebensraum. Analog verhält es sich mit der Pflege im naturnahen Garten: Sie soll immer mit Maß und Ziel stattfinden. So ist bei Blumenwiesen eine regelmäßige Mahd im Hochsommer wichtig, um den Boden frei zu halten und den Pflanzen Licht zu geben, damit sie sich entwickeln können.

Im Staudenbeet muss ebenfalls zurückgeschnitten werden, im Naturgarten aber am besten erst im Frühling, da viele Tiere in den trockenen Stängeln der Pflanzen überwintern und Vögel die Samenstände abernten. Im Grunde reicht ein Schnittdurchgang zwischen Winter und Frühling aus, um ein Staudenbeet zu erhalten. Während des Jahres entfernt man nur, was unmittelbar stört oder in den Weg hängt. Wie sehr Beete gepflegt werden müssen, ist immer davon abhängig, wie viel Ordnung Sie selbst schaffen möchten. Dabei gilt, je »wilder« ein Garten sein darf, desto mehr Tiere werden sich einfinden. So ist es ein weiteres Kennzeichen von naturnahen Gärten, wenn Pflanzen sich ihre eigenen Plätze suchen und Pflanzen wie

Klatschmohn entwickelt sich rasch und kann daher auch als Übergangslösung auf Humushaufen gesät werden. Bienen sind besonders in den Morgenstunden zu beobachten.

Akelei, Mohn und Ringelblumen aus Pflasterritzen und an Beeträndern auftauchen dürfen. Bei aller Freude sollte man aber auch hier mit Bedacht vorgehen und gegebenenfalls eingreifen, damit nicht eine einzige Pflanzenart das Ruder übernimmt. Naturnahes Gärtnern bedeutet nämlich keinesfalls, einfach alles wuchern zu lassen!

Ebenso ist es notwendig, Gehölze regelmäßig zu schneiden, um sie niedrig genug für weitere Bearbeitung, vor allem aber vital und blühfreudig zu halten. Dabei sollte auf die Nistzeiten der Vögel Rücksicht genommen und entgegen den Empfehlungen eher im Winterhalbjahr geschnitten werden, gerade wenn es sich um große Eingriffe an eventuell bewohnten Gehölzen handelt. Ein weiterer Vorteil ist, dass um diese Zeit wenig zertreten werden kann.

Das anfallende Schnittmaterial – und das ist ein weiterer wichtiger Punkt in einem naturnahen Garten – wird nicht entfernt, sondern verbleibt im Garten. Dadurch entstehen ein natürlicher Nährstoffkreislauf und ganz nebenbei zahlreiche Biotope für Kleintiere. So können kleinere Schnittmengen kompostiert werden, größere werden entweder gehäckselt und dann ebenfalls kompostiert oder als Mulch auf die Beete aufgetragen. Dieser hält die Feuchtigkeit besser im Boden, bietet für Kleinstlebewesen Nahrung und Schutz und hindert als angenehmer Nebeneffekt Samen am Keimen, sodass weniger gejätet werden muss. Als Mulchmaterial eignet sich alles, was im Garten an trockenem Material anfällt, besonders aber gehäckselter Holzschnitt und Rasenschnitt. Letzter darf nur wenige Zentimeter dick aufgetragen werden, da er sonst verklebt. Wer regelmäßig mulcht, wird humosen,

Stängel und Laub schützen die Pflanzen vor Kälte, bieten Tieren Unterschlupf und ein Teil wird zu Humus, schon bevor man nach dem Winter die letzten Reste entfernt.

krümeligen Boden erhalten, der für Pflanzen leicht zu durchwurzeln ist. Umgraben oder harken ist dann nicht mehr notwendig – ein weiterer Punkt im Naturgarten: Ständiges Harken zerstört nämlich nicht nur das Bodengleichgewicht, sondern hält auch Wildbienen vom Nisten ab – und ist darüber hinaus nicht notwendig.

Ein wichtiges Thema ist in diesem Zusammenhang auch Laub. Für viele Gartenbesitzer ist es ein lästiges Übel, jeden Herbst alle Blätter zusammenrechen und entsorgen zu müssen. Dabei ist Laub das natürlichste Mulchmaterial, das Pflanzen im Boden vor Kälte und Austrocknung schützt. Lediglich wo es zu dick liegt, sollte man verteilend eingreifen – Ausnahmen sind Flächen unter Bäumen mit sehr dickem Laub (z. B. Magnolien), das zu langsam verrottet, hier kann eine Entfernung sinnvoll sein. Gewöhnliches Laub von Linden, Buchen, Obstbäumen, Birken und Weiden kann jedoch problemlos auf den Beeten bleiben. Nur der Rasen kommt damit nicht klar – hier ist ein Zusammenrechen und Entfernen notwendig, um winterliche Schimmelbildung zu vermeiden. Fallen aus diesem Grund große Mengen an Laub an, kann dieses an einer schattigen Stelle abgelegt werden. Innerhalb eines Jahres kompostiert es ohne weiteres Zutun zu feinkrümeliger, schwarzer Erde, die entweder auf Beete aufgebracht oder als Topfsubstrat verwendet werden kann.

Fallen beim Gehölzschnitt umfangreichere Schnittmengen an oder sehr große Teile wie Äste aus Bäumen oder Hecken, so können diese in handliche Stücke geschnitten und als Totholzhaufen gelagert werden. Davon profitieren neben Insekten auch andere Kleintiere wie

Außergewöhnlich viele Blüten finden sich an Pflanzen, die in trockenen Regionen vorkommen – im Bild Färberkamille, verschiedene Disteln und Zierlauch.

Eidechsen, Molche, Kröten, Frösche, Blindschleichen, Igel und zahlreiche Käfer. Wer einen Totholzhaufen geplant anlegen möchte, sollte zuerst größere Äste und auch Steine sammeln. Sie werden zuunterst eingebaut, da so größere Zwischenräume frei bleiben und damit mehr Versteckmöglichkeiten gegeben sind. Nach oben hin schichtet man schließlich kleineres Material, jedoch immer unterbrochen von größeren Ästen, die ein Zusammenkleben der Schichten verhindern. Mit der Zeit wird der Haufen nämlich verrotten, und würde man nur feines Material verwenden, würde der Haufen schneller zusammensacken und zu Erde umgesetzt werden. Je nachdem, wo man den Haufen anlegt, werden sich rasch Bewohner einfinden. Besonders schnell entdecken Kröten und Blindschleichen solche Unterschlupfe, aber auch Igel und Eidechsen werden rasch darauf aufmerksam.

Wer wenig Platz hat, kann die Äste ganz lassen und als Beetbegrenzung oder Staudenstütze verflechten. Man kann auch an der Grundstücksgrenze eine Benjeshecke aus Holz- und Heckenschnitt anlegen. Dazu setzt man größere Pflöcke, um Halt für das feine Material zu haben, das nach und nach aufgeschichtet wird. Benjeshecken bieten Schutz für Heckenvögel und natürlich auch Insekten. Praktisch ist es, die Begrenzung des Komposts mit langen Ästen auf diese Art herzustellen, sodass ein Behälter ganz aus natürlichen Materialien entsteht.

Wichtig ist bei all diesen Maßnahmen, den ökologischen Nutzen zu bewerten und vor allem eine einheitliche, verlässliche Linie zu entwickeln. Denn die aufwendigsten Maßnahmen helfen nur wenig, wenn im Herbst der ganze Garten aufgeräumt und gefegt wird.

Eine Benjeshecke kann eine stilvolle, ökologische Abgrenzung zwischen zwei Gartenräumen sein, die in ihren unterschiedlichen Etagen einer Vielzahl an Tieren Unterschlupf bietet.

Insektenpflanzen für verschiedene Standorte

Bei der Frage, welche Pflanze gefällt, sind für uns Menschen Blütenfarbe und Wuchsform entscheidend, für Bienen das Pollen- und Nektarangebot. In erfreulich vielen Fällen decken sich diese Vorlieben – und es können Beete entstehen, die für alle im Garten Mehrwert bedeuten.

Auch die kleinste Fläche zählt

Weil so oft von Blumenbeeten, Kompostplätzen, Hecken und Bäumen die Rede ist, könnte man glauben, nur große Gärten können für Bienen hilfreich sein. Doch genau das Gegenteil ist der Fall! Jede bienenfreundliche Pflanze, die auf einem Balkon, dem schmalen Beetstreifen vorm Zaun oder am Rand des Gemüsegartens steht, ist eine Hilfe, die von den Insekten dankbar angenommen werden wird. Aus verschiedenen Untersuchungen weiß man mittlerweile, dass Bienen in manchen Städten mehr Nahrungsangebot finden als in landwirtschaftlichen Monokulturen am Land – folglich haben Bienen keine Probleme damit, selbst in unübersichtlichen Stadtlagen Nahrungsquellen ausfindig zu machen.

Die Möglichkeiten, die sich damit für ihre Förderung auftun, sind vielfältig. Vielversprechend sind Projekte zur Begrünung von Flachdächern, die neben einer deutlich erhöhten Wasserrückhaltekapazität auch Platz für Bienenweidepflanzen bieten. Je nach Substratdicke – schon ab wenigen Zentimetern gedeihen genügsame *Sedum*-Arten, Nelken und Hauswurze – ist blühender Bewuchs möglich. Kann man mehr Erde aufbringen, bleibt auch mehr Feuchtigkeit im Boden und es können höhere Stauden angesiedelt werden.

Im öffentlichen Grün wächst die Sensibilität für verantwortungsvolle, artenreiche Bepflanzungen ebenfalls. In einigen Städten werden standort-

Verkehrsinseln können einen wertvollen Beitrag zur Artenvielfalt sein. Mit robusten Stauden bepflanzt, brauchen sie wenig Pflege und zieren über Jahre hinweg.

gerechte Pflanzengesellschaften erprobt, die vorwiegend aus trockenheitstoleranten heimischen Wildstauden bestehen. Solche Flächen haben den Zusatzeffekt, Bewusstsein für naturnahes Gärtnern und die Verantwortung eines jeden Einzelnen zu schaffen. So kann es ein wesentlicher Beitrag zur Artenvielfalt sein, den Rasenstreifen vor dem Gartenzaun, der bisher Rasen war und ständig gemäht werden musste, in einen Bienen-Blüh-Streifen zu verwandeln.

Wer es subversiver schätzt, kann im Stile von »Guerilla Gardening« öffentliche Flächen heimlich mit passenden Samen bestücken. Auf leeren Grundstücken mit offenem Boden, also nach Bau- oder Abrisstätigkeiten, können einige Samen von Klatschmohn oder eine Bienenweide-Mischung für wahre Blütenmeere sorgen – und, wenn auch nur für einen Sommer, eine veritable Nektar- und Pollenquelle entstehen lassen. Manchmal können sich so »Blüteninseln« etablieren, die über mehrere Jahre hinweg schön und nützlich gleichermaßen sind.

Einjährige und kurzlebige Arten für eine »schnelle Bienenweide«:

- *Agrostemma githago*, Kornrade
- *Anethum graveolens*, Dill
- *Borago officinalis*, Borretsch
- *Calendula officinalis*, Ringelblume
- *Coriandrum sativum*, Koriander
- *Cyanus segetum*, Kornblume
- *Echium plantagineum*, Wegerichblättriger Natternkopf
- *Malva moschata*, Moschus-Malve
- *Nigella sativa*, Schwarzkümmel
- *Papaver rhoeas*, Klatschmohn
- *Phacelia tanacetifolia*, Bienenfreund
- *Reseda luteola*, Färber-Wau
- *Sinapis arvensis*, Ackersenf

Flachdächer können mit reich blühenden Mauerpfefferarten begrünt werden.

Neben den Honigbienen, die in vielen Städten auf Dächern gehalten werden, sind auch Wildbienen in der Stadt unterwegs. Brachliegende Grundstücke, die humusarmen Hänge entlang großer Straßen und Freiflächen, die langsam von der Natur zurückerobert werden, mögen auf uns nicht besonders schön wirken – für viele Tiere sind sie unverhoffte, wertvolle Rückzugsorte. Es ist daher durchaus sinnvoll, auf einem Stadtbalkon Bienenweidepflanzen und eine Nisthilfe anzubieten. Sie werden erstaunt sein, wie rasch Ihr Angebot entdeckt und von Bienen besiedelt wird.

Heimische Pflanzen und Pflanzen aus anderen Regionen der Erde

Am besten wäre für Bienen eine artenreiche, magere Blumenwiese, mit Margeriten, Acker-Witwenblumen, Wiesen-Salbei, Flockenblumen und anderen heimischen Pflanzen. Wer über ein ausreichend großes Grundstück verfügt, kann einen Teil des Rasens zu so einer Wiese werden lassen. Geeignet sind trockene, vollsonnige Stellen, an denen man schrittweise mit geeignetem Saatgut oder sogar Pflanzen eine natürliche Pflanzengemeinschaft entstehen lässt (siehe S. 54/55). Wichtig ist bei so einem Vorhaben Geduld, weil Wiesen sich nur langsam entwickeln.

Hilfreich für Bienen sind aber auch Blumenbeete, in denen zumindest einige für sie attraktive Pflanzen vorkommen. Und solche Pflanzen sind in vielen Fällen nicht nur für die Insekten anziehend, sondern auch für uns schön anzusehen, weshalb sie im Garten immer häufiger verwendet werden. Gartentrends wie das Gestalten mit Gräsern und züchterisch wenig veränderten Pflanzen kommen auch den Bestäubern entgegen. So werden Pflanzen mit großen, pompösen Blüten tendenziell seltener gepflanzt, dafür werden Wildstauden aus anderen Erdteilen eingeführt. Für Präriegärten – weite, an

Die heimische Karthäuser-Nelke ist eine robuste Pflanze für trockene und sonnige Standorte, sie blüht ab Mai den ganzen Sommer über.

natürliche Wiesengemeinschaften erinnernde Beete, wie sie von Gartengestaltern mittlerweile vermehrt angelegt werden – ist besonders die nordamerikanische Flora interessant, weshalb jede Menge Wildpflanzen aus Übersee in unseren Gärtnereien auftauchen. Und auch kaum ein Bauerngarten kommt ohne Sonnenhut, Mädchenauge, Astern, Sonnenbraut, Duftnesseln und Indianernesseln aus – sie alle stammen aus Nordamerika und werden von Bienen in großer Zahl besucht.

Im Naturschutz kommt es in diesem Zusammenhang immer wieder zu Diskussionen, ob nur heimische Pflanzen für Bienen wertvoll seien. Begründet wird das oft auch mit der Ausbreitung nicht heimischer Pflanzen, die, sobald sie sich in der heimischen Natur behaupten können, als »Neophyten« bezeichnet werden. Negativbeispiele sind das Indische Springkraut, die Kanadische Goldrute und der Japanische Knöterich; invasive Arten, die heimischen Pflanzen die Lebensräume streitig machen und bereits weite Teile der heimischen Auenlandschaft zu eintöniger Monokultur werden ließen. Alle drei sind allerdings, neben allen ökologischen Problemen, hervorragende Bienenweidepflanzen für den Spätsommer. Daher ist ihre Ausbreitung zum Teil auch auf begeisterte Imker zurückzuführen, die in der Vergangenheit sorglos Plantagen angelegt haben. Mittlerweile ist man sich der Problematik bewusst und versucht, besonders in Naturschutzgebieten die Arten zurückzudrängen, was besonders beim Knöterich ein schwieriges Unterfangen ist.

Die lila Acker-Witwenblumen werden von sämtlichen Insekten geschätzt und sollten deshalb in keiner Blumenwiese fehlen!

Doch nur wenige Pflanzen haben das Zeug dazu, sich derartig zu vermehren und damit zu einem invasiven Neophyten zu werden. Sollte man trotzdem lieber auf Pflanzen aus anderen Erdteilen verzichten? Sicher ist: Unsere Gärten wären sehr eintönig, wenn wir nur heimische Pflanzen verwenden würden. Wie so oft ist eine Antwort daher nur mit weiterem Ausholen möglich: Manche Wildbienen sind an einzelne Pflanzenarten gebunden. Sie können daher nur unterstützt werden, wenn genau diese Art im Garten wachsen darf. Andere Wildbienen können innerhalb einer Pflanzenfamilie auch andere Gattungen oder Arten annehmen, selbst wenn sie diese aus ihrem natürlichen Verbreitungsgebiet nicht kennen. Es ist daher durchaus legitim, in einem naturnahen Garten mit Pflanzen aus anderen Erdteilen zu gestalten, solange man auch heimische Pflanzen integriert.

Für Honigbienen ist die Herkunft von Pflanzen weniger entscheidend. Sie nehmen alle Pflanzen, die Nahrung in lohnenswerter Menge bereitstellen, dankbar an. Gerade früh und spät im Jahr sind blühende Trachtpflanzen für sie wertvoll, da die Völker im Hochsommer aus vielen Bienen bestehen, die heimischen Wiesen aber aufgrund mehrfachen Mähens kaum mehr Blüten aufweisen. Aber auch ohne diese Eingriffe ist das Angebot in der heimischen Natur ab dem Spätsommer begrenzt. In dieser »Randzeit«, in der die Bienenvölker jedoch sehr viele Arbeiterinnen umfassen und viel Nahrung benötigen, kommt den Gärten mit Sonnenhut,

Fast alle Astern stammen aus Nordamerika. Sie verlängern die Blütezeit in unseren Gärten erheblich und werden von Bienen reichlich besucht.

staudigen Sonnenblumen, Astern und anderen Präriepflanzen aus Nordamerika eine wichtige Rolle zu. Und im Frühling sind Krokus, Schneeglanz und Winterlinge gern angenommene Futterquellen, die zudem einige Wochen vor den heimischen Pflanzen in großer Anzahl blühen. Für den Sommer und den Herbst bieten sich zusätzlich Gehölze und Halbsträucher an, die in dieser blütenarmen Zeit große Mengen an Nahrung bereitstellen, wie etwa Bienenbaum, Mönchspfeffer und Bartblume. Eine für Bienen günstige Entwicklung zeichnet sich in diesem Zusammenhang in der Landwirtschaft ab: Um Auswaschung zu vermeiden, wird in den letzten Jahren nach der Ernte auf den Feldern vermehrt Zwischensaat bzw. Gründüngung angebaut. Diese Saatmischungen enthalten in den meisten Fällen beliebte Bienentrachtpflanzen wie Phazelie, Sonnenblumen, Senf, Buchweizen, Raps und Ölrettich – ihre Blütezeit im Spätsommer und Herbst zieht Bienen magisch an. Saatgut für Gründüngung kann man auch in kleineren Mengen beziehen und auf dem abgeernteten Gemüsebeeten oder dem Kartoffelacker aussäen. So blüht es auch noch im Herbst.

Es ist folglich am besten, wenn Sie im Garten Kompromisse schließen und einen bunten Mix verwenden, aus Pflanzen, die Ihnen gefallen, welchen, die für Honigbienen interessant sind, und zusätzlich ein paar heimische Wildstauden einbauen. So erhöhen Sie die Chancen, für viele Tiere Hilfestellungen zu bieten.

Auch der Sonnenhut wächst in den Prärien Nordamerikas. Seine markanten Blüten passen in viele Staudenbeete und sind auch für Bienen eine beliebte Nahrungsquelle.

Bienenpflanzen für Trockenheit und Sonne

Sonnige Standorte beherbergen in der Natur Mitteleuropas besonders viele Blütenpflanzen – und auch im Garten ist dieser Standort jener, der die meisten Möglichkeiten bietet. Blickt man in die Natur, so erkennt man, dass der Lebensraum »Freifläche« oder »Wiese« ganz unterschiedliche Bedingungen aufweist – je nach Feuchtigkeitsversorgung, Bodenart, Höhenlage und Nährstoffangebot entstehen so unterschiedliche Pflanzengemeinschaften. Und genau an diese haben sich auch die Insekten und Bienen angepasst. Weil die Landschaft in Mitteleuropa seit den Eingriffen des Menschen aus sehr unterschiedlichen Lebensräumen auf engem Raum besteht, ist auch die Artendichte an Tieren und Pflanzen besonders groß. Beide profitieren davon, wenn feuchte und schattige Areale ebenso vorhanden sind wie sonnige und trockene. Während jene oft als Rückzugsraum dienen oder im Wald Nistmaterial gesucht wird, sind sonnige Orte dagegen die Plätze, wo Nahrung gefunden wird. Sonnige Beete wirken daher auf Insekten grundsätzlich anziehend. Es liegt nun an Ihnen, das Angebot für Insekten nutzbar zu gestalten.

Pflanzvorschlag: Sonniger Topfgarten

Die Möglichkeiten, im persönlichen Umfeld etwas für Bienen zu tun, sind vielfältig und nicht notwendigerweise an den Raum gebunden, der zur Verfügung steht. Wer nur einen Balkon oder ein Blumenkistchen sein Eigen nennt, kann trotzdem Klatschmohn, Ringelblumen und andere Einjährige, die in Töpfen klarkommen, bei sich ansiedeln. In größeren Gefäßen können auch Stauden gehalten werden, besonders trockenheitsliebende Pflanzen sind in der Lage, auch an vollsonnigen Stellen in Töpfen zu gedeihen. Wichtig sind eine regelmäßige Wassergabe und die richtige Auswahl an Pflanzen. Dabei profitieren Pflanzen von möglichst großen Gefäßen, da bei zunehmendem Volumen die Bedingungen ausgeglichener sind: Bei Sonnenschein wird der Wurzelraum nicht so rasch durcherhitzt, bei Trockenheit dauert es länger, bis die Feuchtigkeit ganz erschöpft ist. Viele Pflanzen schätzen generell kühle Wurzeln – daher sind Tongefäße oder zumindest Keramikübertöpfe einfachen Plastiktöpfen vorzuziehen. Das wirkt sich besonders dann positiv aus, wenn die Pflanzen, wie in diesem Beispiel, sehr sonnig stehen. Fast alle mediterranen Kräuter und sonnenliebenden Stauden sind empfindlich, was Staunässe angeht. Eine Schicht Kies ganz unten im Topf schützt sie bei längeren Regenfällen davor, im Matsch stehen zu müssen.

Kräutergärten in Töpfen sind schon lange bekannt und beliebt. Wer einen kleinen Balkon um duftendes Grün erweitern möchte, wird mit Lavendel, Duftnesseln, Salbei und Thymian eine kleine Oase für sich und auch die Bienen schaffen. Ergänzen kann man so einen Topfgarten noch um rotblättriges Basilikum, das zwar nicht winterhart ist, mit seinen vielen Blüten jedoch zahlreiche Insekten anlockt. Speziell für Wildbienen sind Färberkamille und Ysop Anziehungspunkte, außerdem eignen sich Nelken, niedrige Fetthennen und Mauerpfeffer *(Sedum)*, die sogar im Balkonkasten ihr Auslangen finden.

Stehen größere Gefäße zur Verfügung, können auch Astern, Storchschnäbel, Katzenminzen und verschiedene Salbei-Arten kombiniert werden. Außergewöhnlich viele Bienen zieht die Bartblume an, sie blüht zudem im Hochsommer und hat silbriges Laub, was sich neben anderen, klassischen Kübelpflanzen sehr gut macht.

Pflanzliste

① *Agastache foeniculum*, Duftnessel
② *Aster* (besonders niedrige, z. B. *A. dumosus*)
③ *Anthemis tinctoria*, Färberkamille
④ *Calamintha nepeta* ssp. *nepeta*, Steinquendel
⑤ *Caryopteris* × *clandonensis*, Bartblume
⑥ *Geranium*, z. B. 'Rozanne', Storchschnabel
⑦ *Hyssopus officinalis*, Ysop
⑧ *Lavandula angustifolia*, Lavendel
⑨ *Ocimum* 'African Blue', Rotes Strauchbasilikum
⑩ *Nepeta* (diverse), Katzenminze
⑪ *Salvia* (diverse), Salbei
⑫ *Scabiosa columbaria*, Taubenskabiose
⑬ *Sedum spectabile*, Fetthenne
⑭ *Thymus* (diverse), Thymian

Pflanzvorschlag: Klassisches Staudenbeet

Für den Vorgarten, eine lange, dafür aber nur wenige Meter breite Fläche neben der Garageneinfahrt oder für den Bereich direkt hinter dem Zaun ist üppiger Wildwuchs manchmal nicht gewünscht. Aber auch ein geordnetes, das ganze Jahr über blühendes Beet kann für Bienen von Nutzen sein – wenn man die richtigen Pflanzen auswählt. Denn nicht immer muss es üppig und durcheinanderwachsen, ganz abgesehen davon, dass nicht jeder eine Blumenwiese im Vorgarten haben möchte.

Bei einem Staudenbeet, das dem englischen »Border« nachempfunden ist, sind neben den Blütenfarben, die natürlich aufeinander abgestimmt werden, die Blütenform und der Wuchs einer Pflanze entscheidend. Darüber hinaus werden nicht viele einzelne Pflanzen im Beet verteilt, sondern diese in Gruppen gepflanzt – auf diese Weise schaut es weniger nach Wiese, sondern nach prunkvollem Beet aus. Je öfter eine Pflanze oder deren Blütenfarbe wiederholt wird, desto ruhiger ist das gesamte Beet. Wichtig ist auch eine klare Höhenstaffelung, die nur von wenigen, gezielt platzierten Pflanzen durchbrochen wird. Berücksichtigt man bei der Planung die Vorliebe von Bienen und anderen Insekten, fallen alle gefüllt blühenden Stauden weg. Sonst müssen kaum Abstriche gemacht werden.

Bienenlieblinge gibt es schon ganz früh im Jahr: Tulpen und Krokus werden gerne besucht und

können im Herbst mitten zwischen den anderen Stauden ins Beet gelegt werden. Im Mai ist besonders ① Kugel-Lauch *(Allium*, diverse Arten und Sorten) interessant, er zieht zahlreiche Insekten an. Genauso eine der prächtigsten Beetstauden des Frühsommers, der ② Türkische Mohn *(Papaver orientale)*. Er sollte so im Beet platziert werden, dass sein im Sommer einziehendes Laub von anderen Pflanzen verdeckt wird. Ähnlich auffällige Blüten, allerdings in leuchtendem Magenta, trägt der ③ Armenische Storchschnabel *(Geranium psilostemon)* – er passt gut zu ④ Steppen-Salbei *(Salvia nemorosa)*, ⑤ Brandkraut *(Phlomis russeliana)* und ⑥ Glockenblumen *(Campanula persicifolia* u. a.). Diese Gruppe aus aufrechten Blütenkerzen und großen, eindrucksvollen Blüten kann im Vordergrund um den ⑦ Zottigen Ziest *(Stachys monnieri)* oder Lavendel ergänzt werden. Für Auflockerung zwischen den Blüten können Gräser sorgen – oder Stauden, die erst später blühen und mit ihrem Blattwerk Ruhe zwischen die Blüten bringen, wie etwa Astern. Auch streng formale Pflanzen, wie die aufrechten ⑧ Königskerzen *(Verbascum)* oder Fingerhut *(Digitalis)* passen gut ins Schema und sind darüber hinaus wertvolle Insektenpflanzen. Leider sind sie zum Großteil nur zweijährig, weshalb sie im Garten zwar durch Selbstaussaat immer wieder auftauchen, aber keine zuverlässigen Beetpflanzen sind.

Mit ausdauernden Pflanzen geht es dafür in den Sommer: ⑨ Goldgarbe *(Achillea filipendulina)*, ⑩ Duftnessel *(Agastache foeniculum)* und ⑪ Purpur-Sonnenhut *(Echinacea purpurea)* blühen im Juli. Nun ist auch die Zeit der ⑫ Sonnenbraut *(Helenium)*, gleichzeitig beginnt der ⑫ Stauden-Knöterich *(Persicaria amplexicaule)* mit seiner Blüte, die bis in den Oktober hinein andauert und nur vom ersten Frost gestoppt wird. Im Spätsommer spielen Astern für den Garten eine wichtige Rolle – sie sind in Hunderten Arten und Sorten erhältlich, die unterschiedlich hoch wachsen und von zahlreichen Insekten besucht werden, in erster Linie erscheinen Honigbienen und Schwebfliegen. Im September blühen der ⑭ Gelbe Sonnenhut *(Rudbeckia fulgida)* und auch die ⑮ Fetthenne *(Sedum*, verschiedene Sorten), eine robuste Staude für den Vordergrund, deren große Blütenteller meist von einigen Bienen gleichzeitig besucht werden.

Die Pflege dieses Beets erfordert nur hin und wieder den Rückschnitt von Verblütem. Ein großer Pflegedurchgang muss nur einmal im Jahr erfolgen. Weil die meisten dieser Pflanzen standfest sind, gerade die höheren Arten, ist ein Rückschnitt erst im Frühling notwendig – idealerweise kurz bevor die ersten Zwiebelpflanzen austreiben und durch Pflegemaßnahmen zu Schaden kommen könnten. Die Samenstände einiger Stauden führen zu schönen Effekten mit Raureif – und bieten etlichen Insekten Raum zur Überwinterung. Wer es ordentlich haben möchte, kann selektiv zurückschneiden und nur jene Stauden stehen lassen, die verlässlich stabil sind. Dazu zählen Duftnesseln, Schafgarben, Fetthenne und das Brandkraut – und natürlich Gräser, die zwar für Insekten keine wichtige Rolle spielen, Beeten aber das gewisse Etwas verleihen und daher jederzeit ergänzt werden können.

Pflanzvorschlag: Naturalistisches Staudenbeet

Beete im naturalistischen Gartenstil beherbergen in erster Linie Wildstauden – also züchterisch unveränderte Pflanzen, die irgendwo auf der Erde natürlich verbreitet sind. Darüber hinaus soll der gestalterische Einfluss des Menschen möglichst weit zurücktreten und die Pflanzung an Wiesen und Prärien erinnern. Auch wenn wir diese Idee im eigenen Garten platzbedingt nicht allumfassend umsetzen können, so ist der Ansatz bestens geeignet, um Beete für Bienen anzulegen. Neben einheimischen Stauden sind vor allem robuste Arten aus Nordamerika oder dem Mittelmeerraum geeignet.
Im Unterschied zum vorangehenden Beispiel werden die Pflanzen nicht in Gruppen gesetzt, sondern unregelmäßig im Beet verteilt. Das können kleine Gruppen sein, aber auch längliche »Drifts« und Einzelpflanzen, jeweils in unterschiedlichem Abstand. Auf diese Art treffen die Pflanzen auf möglichst viele Nachbarn – so entstehen lockere, an natürliche Pflanzengemeinschaften erinnernde Beete.

Ein weiteres Merkmal solcher Beete ist ihr Eigenleben: Pflanzen, denen es gefällt, dürfen sich ausbreiten und aussäen, andere verschwinden vielleicht, weil ihnen der Boden doch nicht zusagt, oder erscheinen an anderer Stelle im Garten, wo die Bedingungen sich besser eignen. Diese Dynamik ist gewollt und findet auch in der Natur ständig statt. Wir greifen nur gestaltend ein und lenken mit Umpflanzen oder Jäten einmal mehr, manchmal weniger – also ganz im Sinne des Naturgärtnerns.

Das vorgeschlagene Beet entwickelt sich am besten in voller Sonne, auf trockenem, eher magerem Boden. Einige der Pflanzen kommen auch an Straßenrändern vor oder sind Pionierpflanzen auf aufgelassenen Flächen im urbanen Raum. Ist der Boden eher feucht, würden sie nicht lange überleben können – wer es trotzdem probieren möchte, magert den Boden am besten mit Sand ab.

Pflanzen, die in solchen Beeten verwendet werden, müssen robust und konkurrenzstark sein und Bereitschaft für Selbstaussaat mitbringen. Für Insekten interessant sind alle der vorgeschlagenen Arten. Um die Vorlieben aller Bienenarten abzudecken, ist es empfehlenswert, heimische Arten mit anderen gemeinsam zu verwenden. So ist die ① Wegwarte *(Cichorium intybus)* eine wertvolle Pflanze solcher Beete, außerdem der ② Natternkopf *(Echium vulgare)* und die ganz ähnliche ③ Hundszunge *(Anchusa officinalis)*. Zu diesen drei blauen Stauden ist Gelb eine gute Ergänzung: ④ Färberkamille *(Anthemis tinctoria)*, ⑤ Rainfarn *(Tanacetum vulgare)* und verschiedene ⑥ Königskerzen-Arten *(Verbascum)* können diesen Part übernehmen. Die Lieblingsblumen vieler Bienen sind Skabiosengewächse. Gleich mehrere von ihnen sind im Garten eine wertvolle Ergänzung: Die ⑦ Purpur-Witwenblume *(Knautia macedonica)* in leuchtendem Rot, die heimische ⑧ Acker-Witwenblume *(Knautia arvensis)* in Lila und im Vordergrund die ⑨ Tauben-Skabiose *(Scabiosa columbaria)*. Für den Spätsommer kann man die ⑩ Grannenlose Scheinbergminze *(Pycnanthemum muticum)* ins Beet holen. Sie hat nach Minze duftende, silberne Blätter und kleine, helle Blüten, die in Quirlen über dem Laub stehen und Bienen in großer Zahl anlocken. Dazu passt die ⑪ Blauraute *(Perovskia atriplicifolia)*, eigentlich ein Halbstrauch, der ebenfalls im Spätsommer blüht. Wer höhere Stauden bevorzugt, kann den bis zu 2 m hohen ⑫ Hanfblättrigen Eibisch *(Althaea cannabina)* pflanzen. Er stammt aus Südeuropa und wird von Bienen gerne besucht, ebenso das ⑬ Herzgespann *(Leonurus cardiaca)*. Als Beetabschluss ist die ⑭ Bergminze *(Calamintha nepeta)* geeignet. Sie ist in meinem Garten die Pflanze mit den meisten Bienenbesuchen und blüht von Juli bis weit in den Herbst hinein.

Ergänzt werden kann das Beet um Astern, Storchschnabel-Arten, Karthäuser-Nelken, verschiedene Arten aus der Gattung der Fetthenne sowie um zahlreiche trockenheitsliebende Zwiebelpflanzen. Besonders empfehlenswert sind Wildtulpen, die mit ihren kleinen Blüten schon bald im Frühling für Farbe sorgen und auch nachträglich noch eingefügt werden können.

Die Pflegemaßnahmen in dieser Pflanzung beschränken sich auf einen Rückschnitt aller umgefallenen Pflanzenteile, weil Aussaat erwünscht ist, sollte man jedoch möglichst wenig eingreifen. Da keine der verwendeten Stauden besonders großes Blattwerk hat, wirkt die Pflanzung locker und leicht und kann daher, analog zum Standort, mit Kies gemulcht werden. Mit der Anlage eines kleinen Sandhügels kann zusätzlich bodenbewohnenden Wildbienen ein Nistplatz geboten werden.

Pflanzvorschlag: Trockene Freifläche oder Kiesbeet

Der Begriff »Kiesbeet« wird zumeist mit einer artenarmen, kiesgemulchten Fläche verbunden, die zur Arbeitserleichterung nur mit wenigen Ziergräsern oder Gehölzen bestückt ist. So ein »Beet« ist für Bienen natürlich nicht von Nutzen. Die hier als »Kiesbeet« bezeichnete Pflanzung wird eine trockene Freifläche, bei der nicht einfach nur Kies aufgebracht wird, sondern bei der auch der Untergrund überwiegend Steine und Sand enthält. Deshalb ist der Boden trocken und durchlässig, was besonders im Sommer für viele Pflanzen zum Problem werden kann. Weil der Boden Nährstoffe nicht lange halten kann, sind üppige, hohe Pflanzen hier fehl am Platz – und wer solche Flächen im Garten hat, ist häufig unglücklich, weil die üblichen Pflanzen nicht gedeihen wollen.

In der Natur kommen solche Standorte jedoch häufig vor – entweder als Schuttflächen oder schlicht, weil es im Sommer heiß ist und wenig Humusauflage vorhanden ist, wie etwa im Mittelmeerraum. Daher ist die Auswahl an Pflanzen für solche Flächen enorm. Für Insekten sind solche Beete ein Paradies, da sie besonders im Sommer Blüten bieten.

Kiesbeete sind vor allem dann geeignet, wenn man sowieso über sandigen, durchlässigen Boden verfügt. Auf anderen Standorten muss Sand oder Splitt in den Boden eingearbeitet werden, um ihm die notwendige lockere und durchlässige Struktur zu verleihen. Unterbleibt das und es kommt im Winter zu Staunässe,

gehen viele Pflanzen verloren, weil sie aus ihrer Heimat keine nassen Wurzeln gewöhnt sind und verfaulen. Ein weiterer Ort für so eine Pflanzung kann ein Beetstreifen vor einer Mauer, aber unter einem Dachvorsprung sein, wie man ihn öfter auf der Südseite von Gebäuden findet.

Wer mit dem Gedanken spielt, so ein Beet anzulegen, muss als Erstes die Menge an Pflanzen filtern, die zur Verfügung steht. Wer ein volles, buntes Beet möchte, kann aus dem Vollen schöpfen. Das Einzige, was kaum zu realisieren ist, sind hohe, üppige Pflanzungen. Diese sind auf feuchte, nährstoffreiche Standorte angewiesen – im Trockenen gibt es kleinere Blüten, dafür aber viele. Wichtig ist, nur Pflanzen zu verwenden, die wirklich aus trockenen Regionen stammen. Ein Hinweis darauf sind silbrige Blätter, da diese vor Sonneneinstrahlung schützen.

Ein Kiesbeet bietet das ganze Jahr über Nahrung für Insekten. Im Frühling können Traubenhyazinthen *(Muscari)* erste Hummeln anlocken, später folgen ① Schnittlauch *(Allium schoenoprasum)*, ② Sonnenröschen *(Helianthemum nummularium)*, ③ Nelken *(Dianthus)* und ④ Lein *(Linum perenne)*. Für den Frühsommer eignen sich Katzenminze *(Nepeta racemosa)*, ⑤ Heil- und Wollziest *(Stachys officinalis, St. byzanthina)* sowie diverse ⑥ Salbei-Arten *(Salvia verticillata, S. nemorosa)*. Der Hochsommer ist die üppigste Zeit in so einem Beet. ⑦ Schafgarben *(Achillea*, auch Gartensorten) ziehen viele Insekten an, aber auch die Duft- und Aromapflanzen mit ⑧ Gamander-Arten *(Teucrium)*, ⑨ Ysop *(Hyssopus officinalis)*, ⑩ Dost *(Origanum vulgare)* und ⑪ Thymian *(Thymus officinalis)*. Distelartige wie ⑫ Alpen-Mannstreu *(Eryngium planum)* oder ⑬ Kugeldistel *(Echinops ritro)* sorgen für Abwechslung im Beet und werden von Bienen geliebt. Weil er schlank wächst, kann man den ⑭ Kugelköpfigen Lauch *(Allium sphaerocephalon)* als Blumenzwiebel noch nachträglich ergänzen. Seine purpurnen Blüten sind oft von mehreren Bienen zugleich besetzt. Für den Spätsommer passen die gelbe ⑮ Gold-Aster *(Aster linosyris)*, ⑯ Fetthenne *(Sedum spectabile)* und die ⑰ Bartblume *(Caryopteris × clandonensis)*. Obwohl diese Auswahl nur einen kleinen Ausschnitt der Möglichkeiten darstellt, ist so ein Anziehungspunkt für Insekten gegeben, der von März bis in den Oktober reicht.

Ein weiterer Vorteil solcher Beete ist der geringe Pflegeaufwand. Idealerweise mulcht man gleich anschließend an die Pflanzung mit Splitt oder umgibt die Pflanzen schon beim Einsetzen mit einem dichten Kragen aus gröberem Material. Auf diese Weise verhindert man, dass Humus in die oberen Erdschichten gelangt und verringert so den Anflug von Pflanzen aus der Umgebung, da diese keine Feuchtigkeit zum Keimen vorfinden. Dieses Konzept klappt so gut, dass mittlerweile Verkehrsinseln und andere öffentliche Flächen vermehrt so bepflanzt werden. Wovon man, auch im Sinne des Naturgärtnerns, unbedingt Abstand nehmen sollte, sind Unkrautvliese und Mulchfolien. Nicht nur, dass man damit auch die gewollte Ausbreitung der angepassten Beetpflanzen verhindert, man bringt dadurch auch Kunststoff in den Boden ein, der nach einigen Jahren zerfällt und nie mehr vollständig entfernt werden kann.

Pflanzvorschlag: Nachhaltige Blumenwiese

Wie schon öfter erwähnt, ist eine Blumenwiese das ideale Angebot für Bienen, da sie aufgrund der hohen Artendichte auch spezialisierten Wildbienen-Arten Nahrung bietet. Der ideale Standort ist sonnig, trocken und nährstoffarm – deswegen eignen sich besonders Hänge oder Gartenbereiche, wo wenig Humus vorhanden ist und der Rohboden durchkommt. Im Gegensatz zu natürlichen Wiesen, die gerade auf mageren Standorten eine beeindruckende Artenvielfalt beinhalten, sind Flächen im Garten aber meist zu nährstoffreich, insbesondere dann, wenn die Fläche vorher landwirtschaftlich genutzt wurde – und auch, wenn sie jahrelang gemähter Rasen war. Ideal für eine nachhaltige, über viele Jahre attraktive Blumenwiese ist daher eine Abmagerung des Bodens. Diese kann unterschiedlich erfolgen, am zielführendsten ist eine Entfernung der Grasnarbe inklusive eines Großteils der deckenden Humusschicht. Wer neu gebaut hat, könnte auf einem Teil des Gartens auf Abdeckung durch Humus verzichten und den Rohboden als Ansaatfläche verwenden. Bei lehmigen Böden ist eine zusätzliche Aufbringung von Sand hilfreich, damit der Boden lockerer wird. Danach kann ausgesät werden. Mittlerweile sind »Bienenweiden« von etlichen Anbietern im Handel. Seriöse Produkte erkennen Sie daran, dass es keine Einheitsmischung für alle Standorte ist, sondern je nach Unter-

Margeriten, Acker-Witwenblumen und andere Arten sind in einer Blumenwiese leicht zu etablieren und ziehen Insekten magisch an.

grund und Standort zwischen feucht, lehmig oder sandig unterschieden wird.

Individuell an den Standort angepasste und dauerhafte Saatmischungen sind meist auch teurer, da sie keine billig zu produzierenden Massenblüher enthalten, sondern Pflanzen, die in einer solchen Wiese auch über Jahre hinweg durchsetzungsfähig sind. Günstige Bienenweide-Mischungen beinhalten zudem häufig nicht winterharte Arten, die nach einer blütenreichen Saison im Folgejahr nicht mehr erscheinen.

Wer den Aufwand der Abmagerung scheut und geduldiger ist, kann auf einem Stück Rasen einfach den Mährhythmus reduzieren und neben dem natürlichen Anflug mit passendem Saatgut oder Pflanzen »impfen«, indem man diese direkt in die Rasenfläche setzt. Um den Vorgang zu beschleunigen, kann intensiv vertikutiert werden, da so die Grasnarbe aufgerissen wird und die Samen offenen Boden zum Keimen vorfinden. Den gleichen Effekt hat das punktuelle Aufreißen der Grasnarbe mit einer Harke. Danach sollten Sie nur mehr ein- bis zweimal im Jahr mähen (idealerweise nach Selbstaussaat der Pflanzen, also im Hochsommer) und unbedingt das Schnittgut entfernen, um den Boden weiter mager zu halten. Das ist deshalb so wichtig, weil sich sonst raschwüchsige Gräser durchsetzen und die Blütenpflanzen verdrängen würden – so wie das bei allen stark gedüngten Wirtschaftswiesen zu beobachten ist.

Bienenfreundliche Pflanzen für Blumenwiesen, die sich selbst erhalten

(zweijährige und ausdauernde Arten)

- *Achillea millefolium*, Schafgarbe
- *Ajuga reptans,* Kriechender Günsel
- *Anthriscus sylvestris,* Wiesenkerbel
- *Anthyllis vulneraria*, Echter Wundklee
- *Astrantia major,* Sterndolde
- *Buphthalmum salicifolium*, Ochsenauge
- *Campanula patula*, Wiesen-Glockenblume
- *Centaurea jacea*, Wiesen-Flockenblume
- *Centaurea scabiosa*, Skabiosen-Flockenblume
- *Daucus carota*, Wilde Karotte
- *Dianthus carthusianorum*, Karthäuser-Nelke
- *Galium verum*, Echtes Labkraut
- *Knautia arvensis*, Acker-Witwenblume
- *Leucanthemum vulgare*, Margerite
- *Lotus corniculatus*, Hornklee
- *Lychnis flos-cuculi,* Kuckucks-Lichtnelke
- *Origanum vulgare*, Dost
- *Primula veris*, Wiesen-Primel
- *Rhinanthus alectorolophus,* Zottiger Klappertopf
- *Salvia pratensis*, Wiesen-Salbei
- *Salvia verticillata*, Quirlblättriger Salbei
- *Sanguisorba minor,* Kleiner Wiesenknopf
- *Silene dioica*, Lichtnelke
- *Stachys officinalis,* Heil-Ziest
- *Tragopogon pratensis,* Wiesen-Bocksbart

Bienenpflanzen für die Sonne

1 Duftnessel
Agastache foeniculum
80–120 cm, Blüte VI–IX, Sonne, Beetsituationen, sieht auch im Winter schön aus, Bienenmagnet, weitere Arten!

2 Stockrose
Alcea-Arten
150–200 cm, Blüte VI–IX, je nach Sorte und Art kurzlebig bis ausdauernd, Bauerngartenpflanze, schön an einem Zaun

3 Zierlauch
Allium-Arten
10–120 cm, Blüte je nach Art IV–VIII, große Vielfalt an Arten, Standorte je Art trocken bis feucht, ziert auch verblüht

4 Hanfblättriger Eibisch
Althaea cannabina
120–220 cm, Blüte VII–X, standfest, webt sich in andere Stauden, sonniger Standort, gut für den Hintergrund von Beeten

5 Ochsenzunge
Anchusa officinalis
50–100 cm, Blüte V–VIII, zweijährig bis kurzlebig, sät sich aus, Sonne, trocken, passt zu Mohn, von Insekten geliebt

6 Färberkamille
Anthemis tinctoria
40–50 cm, Blüte VI–IX, sonnig und trocken, Beetvordergrund, Wildbienen

7 Aster-Arten
je nach Art und Sorte
20–200 cm, Blütezeiten VI–X, große Auswahl für alle Standorte, aufgrund der späten Blüte sehr wertvolle Gattung für Bienen!

8 Steinquendel
Calamintha nepeta
30–50 cm, Blüte VI–X, gut für Beeteinfassungen, wird von Honigbienen stark beflogen

9 Glockenblumen
Campanula-Arten
je nach Art und Sorte
10–200 cm, gute Pflanze für Beete und Beetkanten, Wildbienen

10 Wilde Karotte
Daucus carota
60–120 cm, Blüte V–VIII, zweijährig, trocken und sonnig, auch Speisekarotten blühen schön, Aussaat erlauben

11 Purpur-Sonnenhut
Echinacea purpurea
100 cm, Blüte VII–IX, mag Sonne, passt gut zu Gräsern, sieht auch verblüht schön aus, moderate Selbstaussaat

12 Kugeldistel
Echinops-Arten
80–120 cm, VII–IX, Sonne und trocken, passt gut zu Schafgarben, Sonnenhut und Gräsern

13 Natternkopf
Echium vulgare
60–150 cm, zweijährig, sandige und trockene Standorte, sät sich aus, Bienenmagnet!

14 Mannstreu
Eryngium-Arten
je nach Art 30–120 cm, sandig/Sonne, passt zu Färberkamille und Witwenblumen

15 Fenchel
Foeniculum vulgare
120–160 cm, VII–IX, auch das feine Laub ziert im Beet, sät sich selber aus, kurzlebig, Sorten mit braunem Laub

1
2
3
4
5
6
7
8
9
10
11
12
13
14
15

16

17

18

19

20

21

22

23

24

25

26

27

28

29

30

Bienenpflanzen für die Sonne

16 Purpur-Witwenblume
Knautia macedonica
50–120 cm, Blüte VI–X, fügt sich gut in Beete ein, auch beliebt bei anderen Insekten

17 Lavendel
Lavandula angustifolia
30–70 cm, Blüte VI–VIII, Duftpflanze, gute Wahl für Einfassungen, sonnig und trockener Standort, Rückschnitt

18 Herzgespann
Leonurus cardiaca
100 150 cm, Blüte VII–IX, kleine Blüten, aber schöner Habitus, von Bienen sehr geschätzt, sät sich aus

19 Leinkraut
Linaria purpurea
60–120 cm, Blüte VI–X, blüht bei Rückschnitt ständig nach, schlanker Wuchs, sät sich aus

20 Katzenminze
Nepeta-Arten
je nach Art 30–140 cm, Blüte V–VIII (mit Rückschnitt länger), gut für Beetkanten

21 Dost
Origanum-Arten
40–70 cm, Blüte VII–X, aromatisches Kraut, gut für Einfassungen und trockene Beete

22 Mohn
Papaver-Arten
einjährige bis ausdauernde Arten, von Honigbienen und Hummeln gern besucht

23 Blauraute
Perovskia atriplicifolia
80–150 cm, Blüte VIII–X, sonniger Standort, schön zu Astern und Gräsern, wertvoll weil spätblühend, verholzt zum Teil

24 Staudenknöterich
Persicaria amplexicaule
80–130 cm, Blüte VII–X, toller Dauerblüher in Rosa, Weiß und Rot, schön als Beetabschluss, robust, Sonne bis Halbschatten

25 Bergminze
Pycnanthemum muticum
80–120 cm, Blüte VII–IX, silbernes, duftendes Laub auch vor der Blüte schön, kleine Blüten, von Bienen geliebt

26 Sonnenhut
Rudbeckia-Arten
60–200 cm, Blüte VII–X, je nach Art unterschiedliche Standorte, alle werden von Bienen sehr geschätzt

27 Salbei
Salvia-Arten
je nach Art 20–100 cm, Sonne, Beetpflanzen und robuste Arten für die Wiese, Bienenmagneten, Rückschnitt

28 Fetthenne
Sedum-Arten
30–80 cm, Blüte VIII–X, robust, Sonne, schöne Sorten auch mit rotem Laub, wertvoll, weil spätblühend

29 Ziest
Stachys-Arten
20–70 cm, Blüte VI–VII, schöne Akzente mit Katzenminze, von Honigbienen geschätzt

30 Königskerzen
Verbascum-Arten
je nach Art 80–200 cm, Blüte VI–VIII, aufragende Pflanzen, gut zwischen anderen Stauden

Bienenpflanzen für den Halbschatten

Auch ohne üppige Blüten kann in einem halbschattigen Garten ein Beitrag für Bienen geleistet werden. Besonders im Frühling, bevor das Laub der Bäume erscheint, ist der Schatten ein blütenreicher Standort. Weil Bienen – Honigbienen ebenso wie Wildbienen – im Frühling auf rasch verfügbare Nahrung angewiesen sind, ist es deshalb naheliegend, Frühblüher im Garten zu fördern.

Pflanzvorschlag: Blumenzwiebel für den Halbschatten

Ihr Vorteil ist die kurze Vegetationszeit. Viele von ihnen wachsen aus einer Zwiebel oder einer Knolle, die es ihnen ermöglicht, Nährstoffe einzulagern. Mit dieser »Starthilfe« können sie im Frühling schneller starten als andere Pflanzen, deren Wurzeln erst im kalten Boden Fuß fassen müssen. Danach blühen sie, ehe sie wenige Wochen später wieder im Boden verschwinden. Diese Eigenschaft erlaubt es uns, sie wie eine zweite Schicht in bereits vorhandene Beete zu pflanzen oder, ganz besonders praktisch, im Rasen anzusiedeln. In diesem Fall muss lediglich darauf geachtet werden, nicht zu früh zu mähen, sondern abzuwarten, bis die Blätter von selbst eingezogen sind.

Für Bienen sind besonders jene Pflanzen interessant, die in großer Menge blühen und sich zuverlässig ausbreiten. Zu den ersten Blühern des Gartenjahres gehören Winterlinge *(Eranthis hyemalis)* und Schneeglöckchen *(Galanthus nivalis)*. Beide können, wenn ihnen der Standort gefällt oder Menschen etwas nachhelfen, dichte Teppiche aus Tausenden Blüten bilden. An solchen Standorten sind dann an den ersten warmen Frühlingstagen auch sofort Honig- und Wildbienen unterwegs. Nur wenig später blühen Schneeglanz *(Chionodoxa luciliae)* und diverse Arten und Sorten der Gattung Krokus. Am vermehrungsfreudigsten ist der Elfenkrokus *(Crocus tommasinianus)*, der ebenso wie Schneeglöckchen und Winterling imstande ist, zu dichten Beständen heranzuwachsen. Wer Bienen im Frühling unterstützen möchte, kann also schon im Herbst Ausschau nach Blumenzwiebeln halten und diese in großer Anzahl in Beeten verteilen. Ähnlich verhält es sich mit dem Blaustern *(Scilla sibirica, S. bifolia)*, der durch reiche Selbstaussaat innerhalb weniger Jahre ein ganzes Beet in Blau tauchen kann. Seine Blüten werden auch von Wildbienen gerne besucht, weshalb er im Garten einen wichtigen Rang einnimmt. Schon im April blühen dann die kleinen Traubenhyazinthen *(Muscari)* und mit den Blauglöckchen *(Hyacinthoides non-scripta)* ist schließlich die Zeit bis zum Vollfrühling überbrückt.

Weil sie so viele Blüten ausbilden und jedes Jahr üppig blühen, sind diese Zwiebelpflanzen eine wertvolle Hilfe für Bienen und sollten in keinem Garten fehlen. Dabei kann man nie zu viele besitzen, da sie spätere Pflanzen nicht bedrängen und in jedem noch so kleinen Beet untergebracht werden können.

Frühlingsblüher wie Krokus, Schneeglöckchen und Winterlinge bilden mit den Jahren dichte Teppiche. Durch Teilung im Frühling, während der Blüte, können sie leicht vermehrt werden.

Pflanzvorschlag: Staudenbeet im Halbschatten

Geht es um Halbschatten, denkt man zuerst an Blattschmuckstauden und Farne. Doch mit guter Planung kann aber auch bei weniger Sonne Blühendes angesiedelt und damit ein Beitrag für Insekten geleistet werden. Da einige Wildbienenarten im oder in der Nähe von Wald leben und deshalb auf Pflanzen spezialisiert sind, die im Umkreis von Gehölzen am besten gedeihen, ist hier heimischen Pflanzen der Vorzug zu geben.

Um ein Beet mit Fernwirkung zu erhalten, sollten (wie schon beim Beet in der Sonne) die ausgewählten Pflanzen jeweils zu mehreren in Gruppen gepflanzt werden. Ausgenommen sind Zwiebelpflanzen, die vor den anderen Stauden blühen – sie haben mittendrin Platz und können unregelmäßig übers ganze Beet verteilt werden. Die vorgeschlagenen Pflanzen kommen alle im Halbschatten zurecht, sie brauchen aber zumindest Morgen- oder Abendsonne, um befriedigend zu blühen – das entspricht einer Waldrandsituation, wie sie auch in der Natur häufig vorkommt. Der Boden sollte humos und tiefgründig sein, da Waldrandpflanzen gleichmäßige Feuchtigkeit bevorzugen, weshalb Standorte unter Nadelbäumen oder zu Fuße von immergrünen Hecken weitgehend ausfallen.

Im Halbschatten sind besonders helle Blüten auffällig, weil sie meist einen schattigen und daher dunklen Rahmen haben, vor dem sie wirken können. Eine empfehlenswerte Pflanze

für den Hintergrund, die diesem Schema entspricht, kommt aus den heimischen Wäldern: Der ① Geißbart *(Aruncus dioicus)* sieht aus wie eine große, weiße Astilbe und kann bis zu 1,5 m hoch werden. Seine feinen, hellgrünen Blätter bleiben bis in den Herbst hinein ansehnlich und bilden einen guten Kontrast zu großblättrigen Pflanzen. Ihm zur Seite sollten robuste, ebenfalls höhere Stauden gepflanzt werden, beispielsweise ② Akelei *(Aquilegia vulgaris)*, ③ Sterndolde *(Astrantia major)*, ④ Akeleiblättrige Wiesenraute *(Thalictrum aquilegifolium)* oder ⑤ Gelber Fingerhut *(Digitalis lutea)*. Weiter in der Mitte des Beets ist der ⑥ Nesselkönig *(Lamium orvala)* eine gute Wahl. Es handelt sich um eine bis zu 70 cm hohe Staude, die im Schatten gut gedeiht und deren große Lippenblüten im Mai von Hummeln umschwirrt werden. Er ist eine gute Partnerpflanze für die ⑦ Christrose *(Helleborus orientalis)*, die im Frühling für Aufsehen sorgt und Insekten anlockt. Ihre Blütenfarben variieren zwischen Weiß, Rot, Gelb und beinahe Schwarz, außerdem sind sie ganz unterschiedlich gezeichnet und getupft. Diese Vielfalt hat schon viele Gartenbegeisterte zum Sammeln verführt. Das ist besonders reizvoll, weil sich Christrosen bereitwillig aussäen und schon nach wenigen Jahren eigene Sämlinge mit besonderen Blütenfarben entdeckt werden wollen. Allerdings sollte der Platzbedarf ihrer glänzend dunkelgrünen Blätter unbedingt berücksichtigt werden. Etwas später im Jahr blüht das ⑧ Kaukasusvergissmeinnicht *(Brunnera macrophylla)*, das außerhalb der Blütezeit mit schönem Laub gefällt und daher auch im Beetvordergrund verwendet werden kann. Ihm zur Seite gestellt kann die ⑨ Berg-Flockenblume *(Centaurea montana)* im Juni für Blüten sorgen. Als Beetabschluss bieten sich Sorten der ⑩ Gefleckten Taubnessel *(Lamium maculatum)* an, die neben der Blüte mit silber gezeichnetem Laub zieren. Ihre Blüten werden zeitig im Frühling gerne von Hummelköniginnen besucht. Später im Jahr wird es im Halbschatten ruhiger. Für den Sommer kann der (giftige) ⑪ Eisenhut *(Aconitum napellus)* gepflanzt werden, den ebenfalls Hummeln schätzen. An sonnigeren Stellen können die Sorten der ⑫ Herbst-Anemone *(Anemone japonica*-Hybriden) eine schöne Ergänzung darstellen, wer möchte, kann auch den Fingerhut *(Digitalis purpurea)* ansiedeln, der in solchen Beeten gerne herumvagabundiert.

Der Pflegeaufwand einer solchen Fläche hält sich in Grenzen: Im Grunde reicht ein Schnittdurchgang im Spätwinter, weil nur wenige Stauden wirklich groß werden und daher im Winter optisch stören würden. Wer keine welken Stauden im Beet stehen haben möchte, kann alles Braune im Herbst entfernen – leer wird das Beet trotzdem nicht erscheinen, weil die sattgrünen Blätter der Christrosen und das sehr ausdauernde Laub des Kaukasusvergissmeinnichts auch im Winter grün bleiben.

Um den Waldcharakter des Beets zu erhalten, ist es empfehlenswert, dieses im Herbst zu mulchen. Dazu lässt man am besten das anfallende Laub auf den Flächen liegen oder nimmt jenes, das im Garten anfällt, und streut es über die Pflanzung. Mikroorganismen, Würmer und Käfer beginnen noch im Herbst mit dem Zerlegungsprozess und über die Jahre hinweg entsteht humoser Waldboden.

Pflanzvorschlag: Naturnahe Pflanzung am Gehölzrand

Im Mittelpunkt dieser natürlichen Pflanzung stehen heimische Stauden, ergänzt um einige andere, die gemeinsam weniger in einem geordneten Verband gepflanzt werden als vielmehr zu einem Teppich verwoben. Analog zum sonnigen Beet sollen sich die Pflanzen selbstständig weitervermehren. Dazu wurden Arten gewählt, die sich reichlich aussäen und in der Lage sind, auch über Jahre hinweg in einem Garten durchhalten zu können. Der Standort für das Beet sollte halbschattig sein, der Boden nach Möglichkeit humos, wobei die verwendeten Pflanzen – einmal eingewachsen – zum Großteil mit zeitweiligen Trockenphasen wie warmen Sommermonaten umgehen können.

Die Anordnung der Pflanzen folgt keiner Höhenstaffelung, es hat sich aber als sinnvoll erwiesen, zumindest die höchsten Pflanzen im Hintergrund zu gruppieren, da Licht im Halbschatten ohnehin Mangelware ist und niedrige Stauden am Beginn im Vordergrund bessere Chancen haben. Als eine dieser hohen Pflanzen für den Hintergrund bietet sich die (1) Ausdauernde Mondviole *(Lunaria rediviva)* an. Sie duftet herrlich und lockt damit neben Bienen auch Nachtfalter an, dazu sät sie sich gut aus und ist

robust. An ihre Seite passt die wuchsfreudige (2) Nessel-Glockenblume *(Campanula trachelium)*, die einer Vielzahl an Wildbienen als Nahrungspflanze dient und gegebenenfalls etwas im Zaum gehalten werden sollte. Dazwischen können lockere Gruppen mit (3) Wald-Storchschnabel *(Geranium sylvaticum)* gepflanzt werden, einer heimischen Art, die sich ebenfalls aussät und mit dem Konkurrenzdruck am Waldrand gut klarkommt. Wer über viel Platz verfügt, kann zusätzlich die (4) Süßdolde *(Myrrhis odorata)* ansiedeln, deren weiße Blütendolden und helles, fein geschlitztes Laub den Schatten aufhellen und Samenkapseln entstehen lassen, die intensiv nach Lakritze schmecken. Zwischen den höheren Pflanzen bietet es sich an, mit Bodendeckern wie (5) Günsel *(Ajuga reptans)*, Frühblühern wie Lerchensporn *(Corydalis cava, C. solida)* und Schlüsselblumen *(Primula elatior)* für Blüten zu sorgen. Dabei muss man darauf achten, den niedrigeren Stauden am Beginn etwas zu helfen, bis sie sich etabliert haben – später werden sie sich von selbst verbreiten. Eine außergewöhnlich schöne heimische Pflanze ist die (6) Frühlings-Platterbse *(Lathyrus vernus)*, die einigen Wildbienenarten Nahrung bietet. Sie wächst zu halbkugeligen, bis zu 50 cm hohen und im April und Mai über und über mit rosa oder lila Blüten bedeckten Büschen heran und weil sie durch Selbstaussaat kleine Kolonien bildet, ist sie ideal für den Naturgarten. Genauso verhält es sich mit dem (7) Lungenkraut *(Pulmonaria officinalis)*, das von Hummeln geliebt wird. Falls seine Blätter aufgrund von Trockenheit im Sommer unschön werden oder Mehltau bekommen, hilft ein Rückschnitt, und sie treiben wieder frisch und ansehnlich durch.

Im Frühsommer sorgt die (8) Hänge-Polsterglockenblume *(Campanula poscharskyana)* für hellblaue Sternchen im Schatten. Um diese Zeit blüht eine sehr ungewöhnliche Staude, die (9) Knotige Braunwurz *(Scrophularia nodosa)*. Ihre kleinen, rot-gelben Blüten wirken auf uns Menschen nicht besonders attraktiv, für viele Bienen und Hummeln sind sie jedoch unwiderstehlich und sollten in keinem Bienengarten fehlen. Manchmal siedelt sie sich sogar von selbst an. Um auch im Sommer Blüten im Beet zu haben, kann man die nordamerikanische (10) Wald-Aster *(Aster divaricatus)* verwenden oder auch die (11) Gewöhnliche Goldrute *(Solidago virgaurea)* – die, als eine der wenigen dieser Art, in Europa heimisch ist, im Spätsommer blüht und von vielen Bestäubern gerne besucht wird. Um Zwischenräume aufzufüllen, kann in diesem Beet neben der Akelei auch der (12) Kambrische Scheinmohn *(Meconopsis cambrica)* über Samen angesiedelt werden. Ganz im Gegensatz zu ihrer empfindlichen, blaublütigen Verwandtschaft ist diese gelbe Staude widerstandsfähig und ausbreitungswillig, stört aber aufgrund der niedrigen Blattbüschel und der gelben Schalenblüten, die über der Nachbarpflanzen schweben, nirgendwo im Garten. Ganz im Gegenteil: So entstehen jedes Jahr andere Eindrücke und neue Kombinationen.

An Pflege erfordert das Beet nicht viel: Etwas Laubmulch, hin und wieder ein Jäten der wüchsigsten Pflanzen und eventuell ein Rückschnitt der hohen Arten, falls es zu starker Aussaat kommt. Mit dieser Pflanzenzusammenstellung können auch größere Gartenbereiche dauerhaft mit blühenden Insektenpflanzen besiedelt werden.

1

2

3

4

5

6

7

8

9

10

11

12

13

14

15

Bienenpflanzen für den Halbschatten

1 Akelei
Aquilegia vulgaris
60–120 cm, Blüte V–VI, kurzlebig, sät sich selbst aus, robust, verschiedene Farben, schön zu *Hesperis*

2 Geißbart
Aruncus dioicus
120–160 cm, Blüte VI–VII, bildet breite, auffällige Büsche, passt in den Hintergrund, auch im Winter schön

3 Wald-Aster
Aster divaricatus
40–60 cm, Blüte VIII–X, robust und trockenheitsverträglich, deckt den Boden auch unter Hecken, große Blätter

4 Sterndolde
Astrantia major
50–70 cm, Blüte VI–VII, rosa, rot und weiß, mag feuchtere Böden, sät sich moderat aus, trägt auch hübsches Laub

5 Kaukasusvergissmeinnicht
Brunnera macrophylla
40–60 cm, Blüte IV–V, verschiedene Blüten- und Blattfarben, langlebig und robust, für Beetränder, sät sich aus

6 Polsterglockenblume
Campanula poscharskyana
20–30 cm, Blüte VI–VII, gut für den Vordergrund von Beeten oder zwischen anderen Stauden, auch auf Mauern

7 Nessel-Glockenblume
Campanula trachelium
80–110 cm, Blüte VII–VIII, wächst rasch und sät sich aus, schön in größeren Gruppen vor Gehölzen, für Wildbienen

8 Berg-Flockenblume
Centaurea montana
30–50 cm, Blüte V–VI, passt gut an Beeträndern, sät sich aus, verträgt radikalen Rückschnitt, robust, blüht im Sommer nach

9 Schneeglanz
Chionodoxa luciliae
10 cm, Blüte III–IV, sät sich aus und bildet mit der Zeit Bestände, wächst auch im Rasen oder unter Hecken

10 Gefingerter Lerchensporn
Corydalis solida
15–20 cm, Blüte IV–V, sät sich aus und bildet Bestände, zieht nach der Blüte äußerst rasch ein, Massenblüher

11 Elfenkrokus
Crocus tommasinianus
10 cm, Blüte II–III, unbedingt die Art pflanzen, damit es Sämlinge gibt, ausgesprochen robust, auch für Wiesen

12 Gelber Fingerhut
Digitalis grandiflora
50–90 cm, Blüte VI–VIII, langlebige Art, schön am Gehölzrand zwischen anderen Stauden, sät sich selbst aus

13 Winterling
Eranthis hyemalis
10 cm, Blüte II–III, wächst unter Gehölzen und zwischen Stauden, sät sich aus, erster Blüher, bildet dichte Bestände

14 Schneeglöckchen
Galanthus nivalis
15 cm, Blüte II–III, Gruppen hin und wieder teilen, passt zwischen Stauden, verschiedene Sorten, häufig teilen!

15 Wald-Storchschnabel
Geranium sylvaticum
40–70 cm, Blüte V–VI, mag etwas feuchteren, humosen Boden, auch weiße und rosa Sorten, robust, sät sich aus

Bienenpflanzen für den Halbschatten

16 Christrose, Schneerose
Helleborus-Arten
30–50 cm, Blüte III–IV, große Vielfalt an Arten und Sorten, auch das Laub ist sehr zierend

17 Nesselkönig
Lamium orvala
40–70 cm, Blüte IV–VI, standfeste Staude für den Hintergrund, die weiße Sorte hellt Schatten auf, für Hummeln

18 Frühlingsplatterbse
Lathyrus vernus
30–50 cm, Blüte IV–V, robust, sät sich aus, passt gut zu *Pulmonaria*, verschiedene Sorten

19 Frühlingsknotenblume
Leucojum vernum
20 cm, Blüte II–III, sät sich auf feuchten und lehmigen Böden reich aus und bildet Bestände

20 Ausdauernde Mondviole
Lunaria rediviva
50–110 cm, Blüte IV–VI, duftet stark, auch für trockenen Schatten, sät sich aus, langlebig, toller Wintereffekt

21 Kambrischer Scheinmohn
Meconopsis cambrica
30–50 cm, Blüte V–VII, gelb und orange, sät sich aus, ohne zu stören, passt gut zwischen andere Stauden, kurzlebig

22 Immenblatt
Melittis melissophyllum
30–60 cm, Blüte V–VI, heimische Wildstaude, auffällige Blüte, braucht etwas Zeit zur Entwicklung, selten gepflanzt

23 Süßdolde
Myrrhis odorata
70–100 cm, Blüte V–VI, mag feuchten Boden, Samenkörner schmecken nach Anis, sät sich aus, Rückschnitt nach der Blüte

24 Jakobsleiter
Polemonium caeruleum
50–80 cm, Blüte V–VII, mag feuchtere Böden, es gibt eine weiße Sorte, schön zu *Centaurea* und *Geranium*

25 Primula (diverse)
je nach Sorte 5–30 cm, Blüte III–V, mögen feuchte/lehmige Böden, große Vielfalt an Farben und Sorten

26 Lungenkraut
Pulmonaria officinalis
30–50 cm, Blüte III–IV, viele Sorten mit getupftem Laub, Rückschnitt nach der Blüte, Hummelmagnet

27 Blausternchen
Scilla sibirica
10 cm, Blüte III–IV, bilden dichte Teppiche unter Gehölzen, säen sich reich aus, auch für Wiesen oder in Beeten

28 Knotige Braunwurz
Scrophularia nodosa
60–100 cm, Blüte V–VII, unscheinbar, aufrechter Wuchs, schön im Hintergrund und zu Farnen, selten gepflanzt

29 Beinwell
Symphytum-Arten
je nach Art 20–100 cm, Blüte V–VII, nicht zu schwachwüchsigen Nachbarn pflanzen, robust

30 Akeleiblättrige Wiesenraute
Thalictrum aquilegifolium
80–120 cm, Blüte V–VII, helle und dunkle Sorten, das feine Laub ziert ebenfalls, schön zu *Geranium*, langlebig

6
21
26
7
22
27
8
23
28
9
24
29
0
25
30

Bienenpflanzen für nährstoffreiche Böden

Guter Boden ist im Garten ein Segen. Besonders wenn man Gemüse anbauen möchte, ist ein gewachsener, mit Nährstoffen versorgter Flecken Erde eine wahre Freude. Stauden hingegen reagieren auf nährstoffreiche Böden oft mit enormem Wuchs, der bei Wind und Regen auch zum Umkippen führen kann. Darüber hinaus vertragen einige Pflanzen, die sonnige Standorte bevorzugen, feuchten Boden schlecht und leiden vor allem unter winterlicher Staunässe. Wer über eine feuchte Senke im Garten, lehmigen Boden oder ein Stück Platz neben einem Bach oder Teich verfügt, wird daher nach Pflanzen suchen, die genau an diese Bedingungen gewöhnt sind. Zum Glück für uns und den Insekten liefert die heimische Pflanzenwelt eine Menge passender Kandidaten. Ergänzt um einige Arten aus anderen Erdteilen kann die Blütezeit einer solchen Rabatte auf die gesamte Saison ausgedehnt werden.

Pflanzvorschlag: Rabatte für sonnige Lage auf feuchtem und nährstoffreichem Boden

Besteht der Wunsch nach einem geordneten Beet mit deutlicher Höhenstaffelung, gibt es eine Reihe von hochwüchsigen Pflanzen, die wie eine saisonale Hecke im Sommer für Sichtschutz sorgen. Besonders geeignet für diesen Zweck ist der (1) Purpur-Wasserdost *(Eupatorium purpureum)*, der mit bis zu 250 cm Höhe und einer Blüte im Hochsommer für Eindruck im Garten sorgt. Seine auffälligen Blütendolden werden von zahlreichen Bienen und Schmetterlingen umschwirrt. Ähnlich hoch wachsen die lila (2) Vernonie *(Vernonia crinita)* sowie der gelbe (3) Fallschirm-Sonnenhut *(Rudbeckia nitida)*, die beide aus den Prärien Nordamerikas stammen und auf nährstoffreichen Böden gut gedeihen. Um die Pflanzung aufzulockern, bieten sich hohe Gräser wie Chinaschilf *(Miscanthus)* oder Pfeifengras *(Molinia arundinacea)* an.

Im mittleren Teil des Beets können die (4) Purpur-Kratzdistel *(Cirsium rivulare* 'Atropurpureum') und der (5) Riesenschuppenkopf *(Cephalaria gigantea)* für Abwechslung in Form kleiner Blütenköpfe sorgen. Beide werden von Insekten gerne besucht und tragen die Blüten an langen, schlanken Stängeln, die sich zwischen die anderen Pflanzen weben. Dazu harmonieren die Dolden des (6) Bronzefenchels *(Foeniculum vulgare* 'Rubrum'), das heimische (7) Mädesüß *(Filipendula ulmaria)* und eine selten gepflanzte, feuchtigkeitsliebende (8) Katzenminze *(Nepeta subsessilis)* mit weithin sichtbaren, violettblauen Blüten.

Für den Vordergrund und als Beetabschluss eignen sich der (9) Nelkenwurz *(Geum rivale)*, (10) Taglilien *(Hemerocallis)* und (11) Flockenblumen *(Centaurea montana)*. Als Erweiterung für den Frühling können Sie Blumenzwiebeln einlegen: Gut geeignet sind Frühlingsknotenblumen *(Leucojum vernum)*, Schneeglöckchen *(Galanthus nivalis)*, Osterglocken *(Narcissus)*, die mit feuchtem Lehmboden gut klarkommen und sich dann besonders gut entwickeln. Wenn es nur lehmig, aber nicht staunass ist, können auch die großblütigen Arten des Zierlauchs *(Allium aflatunense* und weitere) ins Beet eingefügt werden. Besonders Bienen lieben Lauchblüten und besuchen sie in großer Zahl. Falls mehr Platz zur Verfügung steht, können Trollblumen *(Trollius europaeus)* für den Frühling, Echter Baldrian *(Valeriana officinalis)* für den Juni oder Herbstastern *(Aster novae-angliae, A. umbellatus)* für die Blüte im September und Oktober ergänzt werden. Auch Engelwurz *(Angelica gigas)* fügt sich gut ein, ist allerdings nur zweijährig und braucht daher etwas Platz, um sich per Aussaat selbst erhalten zu können.

Aufgrund der Präriestauden, die vor allem den Hintergrund des Beets dominieren, bleibt das Beet lange haltbar und stabil. Der Wasserdost und die Vernonia sind im Herbst – und besonders im Winter, wenn Raureif die Samenstände überzieht – wunderschön anzusehen. Ein Schnitt muss daher erst im Spätwinter erfolgen, bevor die Frühlingsknotenblumen das Gartenjahr beginnen.

Pflanzvorschlag: Natürliches Beet in sonniger Lage auf nährstoffreichem Boden

Der zweite Beetvorschlag verwendet kleinblütigere Pflanzen und hat einen natürlichen, wiesenhaften Charakter. Erlaubt ist jedoch wie immer alles, was gefällt, daher können Pflanzen von der vorhergehenden Seite natürlich ebenfalls verwendet werden. Das Thema des Beets bilden luftige, kleinblütige Stauden, die auf aufrechte, blütenreiche Kerzen treffen.

Für den Hintergrund passt der ① Wiesenknopf *(Sanguisorba),* der von Bienen geliebt wird und von dem zahlreiche Sorten im Handel erhältlich sind. Sie blühen in Schattierungen zwischen Weiß, Rosa und Purpur, wachsen zwischen 120 und 220 cm hoch und sollten immer einen straffen, aufrechten Gegenpart zur Seite gestellt bekommen, um mit ihren kleinen Blüten auch aufzufallen. Diese Aufgabe kann der ② Kandelaber-Ehrenpreis *(Veronicastrum virginicum)* übernehmen, der bis zu 200 cm hoch wächst und dabei völlig vertikal wächst. Dazu kann die ③ Weidenblättrige Sonnenblume *(Helianthus salicifolius)* kombiniert werden, die im Spätsommer mit ihren gelben Blüten Insekten anlockt. Sie ziert zusätzlich mit fein geschlitztem, hellgrünem Laub, das fast ein wenig exotisch wirkt. ④ Indianernesseln *(Monarda)* können im Mittelbereich des Beets anschließen. Je nach Farbpräferenz sind weiße, rote, violette und rosa Sorten, auch mit unterschiedlichen Wuchshöhen, im Sortiment. Ähnlich sieht es bei den ⑤ Herbst-Astern aus: Die unterschiedlichs-

ten Sorten verlocken zum Sammeln und alle sind wahre Bienenmagneten. Da sie sehr unterschiedliche Wuchsformen aufweisen, sollten sie an der richtigen Stelle im Beet platziert werden – einige Sorten sind im Hintergrund besser aufgehoben, andere können den Abschluss nach vorne hin übernehmen oder das Beet sogar am Rand einfassen. Im Mittelteil des Beets ist auch der (6) Blut-Weiderich *(Lythrum salicaria)* gut aufgehoben. Er bildet im Sommer große, purpurrosa Kerzen, die von Bienen ganz besonders geliebt werden.

Ähnlich, allerdings zarter und niedriger, präsentieren sich die Sorten des Wiesen-Ehrenpreises *(Veronica longifolia)*, die ein würdiger Ersatz sind, falls weniger Platz zur Verfügung steht. Der (7) Teufelsabbiss *(Succisa pratensis)*, eine einheimische Staude, die von Wildbienen gerne besucht wird, sollte ebenfalls in der zweiten Reihe des Beets seinen Platz finden, da er an manchen Standorten leicht umkippt. Für den Vordergrund bietet sich schließlich der (8) Schlangenknöterich *(Persicaria bistorta)* an. Ihm zur Seite gestellt werden kann die schon erwähnte (9) Jakobsleiter *(Polemonium caeruleum)*, heimische Sorten des (10) Storchschnabels *(Geranium pratense, G. palustre)* sowie (11) Purpur-Sonnenhut *(Echinacea purpurea)*.

Im Gegensatz zu Beeten, in denen die Beetstruktur länger bestehen bleiben soll und daher mehr Augenmerk auf die Höhenstaffelung und Anordnung der Pflanzen gelegt wird, sind naturnahe Anlagen veränderlich und präsentieren sich nach einigen Jahren vielleicht ganz anders. Damit das auch klappt, muss ein solches Beet etwas vorsichtiger bearbeitet werden. So sind einige der Pflanzen zwar robust, aber von Natur aus nicht langlebig, wie beispielsweise die Jakobsleiter. Sie erhält sich im Beet durch Aussaat und sollte daher, zumindest mit einigen Stängeln, die Chance dazu erhalten. Schneidet man sie zu früh ab, werden irgendwann die Mutterpflanzen absterben und es sind keine neuen Pflanzen entstanden. Ähnlich verhalten sich die vorgeschlagenen Arten des Storchschnabels, Blutweiderich und einige weitere Pflanzen, die in unseren Gärten gerne verwendet werden, wie etwa die Akelei.

Andere Stauden, wie die Indianernesseln, sind etwa drei, vier Jahre sehr prächtig und sollten dann neu gepflanzt werden, weil sie nur in den äußeren Bereichen ihres Horstes vital und blühfähig bleiben. In der Natur würden sie sich einfach weiter ausbreiten, dazu ist es aber in unseren Gärten zu eng: Sie geraten an Nachbarpflanzen, haben keinen Platz und verschwinden. Daran ist kein Pflegefehler schuld, sondern der Wuchscharakter der Pflanze.

Sollte die zur Verfügung stehende Fläche sehr groß sein, liegt es daher nahe, die Vielfalt der »Startpflanzen« zu erhöhen. Zu den vorgeschlagenen Pflanzen passen etwa der Hanfblättrige Eibisch *(Althaea cannabina)*, der mit seinen feinen Blütchen gut zwischen andere Pflanzen passt, oder eine der vielen dekorativen Sorten der Wiesenraute *(Thalictrum)*. Wer es pompöser bevorzugt, kann es mit der Sumpf-Schwertlilie *(Iris pseudacorus)* oder der Sibirischen Schwertlilie *(Iris sibirica)* versuchen. Beide brauchen nicht unbedingt Wasser, sondern vor allem nährstoffreichen Boden, um gut zu gedeihen und reichlich zu blühen.

1
6
11
2
7
12
3
8
13
4
9
14
5
10
15

Bienenpflanzen für nährstoffreiche und feuchte Böden

1 Engelwurz
Angelica gigas
100–140 cm, Blüte VII–X, zweijährig, sehr attraktiv zu Gräsern, auffällige Blüten, viele Bienen, Wintereffekt

2 Schlangen-Knöterich
Bistorta officinalis
50–80 cm, Blüte V–VII, hübsches großes Laub, blüht im Sommer nach, schön mit Jakobsleiter und Akelei

3 Riesen-Schuppenkopf
Cephalaria gigantea
150–230 cm, Blüte VII–IX, wirkt luftig und leicht, gut im Hintergrund von Beeten, sät sich aus, Insektenmagnet

4 Purpur-Kratzdistel
Cirsium rivulare 'Atropurpureum'
70–140 cm, Blüte VII–VIII, wunderschöne Farbe, mag nährstoffreiche Böden

5 Purpur-Wasserdost
Eupatorium purpureum
180–250 cm, Blüte VII–IX, auch im Winter schön, perfekt für den Hintergrund von Beeten, duftet, Wintereffekt

6 Mädesüß
Filipendula-Arten
80–150 cm, Blüte VI–VIII, je nach Sorte cremeweiß oder rosa, heimische Wildstaude, robust, mag es sogar nass

7 Wiesen-Storchschnabel
Geranium pratense
70–100 cm, Blüte V–VII, blüht bei Rückschnitt nach, verschiedene Sorten von Hellblau bis Weiß, auch für feuchte Wiesen

8 Bach-Nelkenwurz
Geum rivale (und Sorten)
20–40 cm, Blüte IV–VI, schön für den Vordergrund, sieht immer gut aus, robust

9 Staudige Sonnenblumen
Helianthus-Arten
je nach Art und Sorte 120–250 cm, Blüte VII–X, für den Hintergrund, schön zu Wasserdost und Gräsern

10 Goldkolben
Ligularia (diverse)
je nach Art 80–180 cm, Blüte VII–VIII, mögen feuchten Boden, schneckenempfindlich

11 Blutweiderich
Lythrum salicaria
100–150 cm, Blüte VII–IX, heimisch, sehr beliebt bei Bestäubern, sät sich aus, wächst auch in trockenen Beeten üppig

12 Indianernessel
Monarda
je nach Sorte 120–180 cm, Blüte VII–VIII, duftend, verschiedene Farben, soll regelmäßig geteilt werden, um zuverlässig zu blühen

13 Wiesenknopf
Sanguisorba (diverse)
je nach Art 60–220 cm, Blüte VI–IX, hohe Sorten für den Hintergrund, schön zu Gräsern

14 Moorabbiss
Succisella inflexa
40–70 cm, Blüte VI–IX, deckt langsam den Boden, gut zwischen anderen Stauden, damit er gestützt wird, robust

15 Stauden-Ehrenpreis
Veronicastrum virginicum
110–200 cm, Blüte VI–VIII, gut für den Hintergrund, von Bienen geliebt, tolle Herbstfärbung, auch im Winter schön

Gehölze als Bienenweide

Besonders im Frühling und im Herbst, wenn andere Blüten Mangelware sind, bieten Bäume und Sträucher Blüten für Insekten. Und auch wer keinen Hausbaum unterbringt: Ein oder zwei blühende Gehölze in der Hecke sind deutlich attraktiver als Thujen und Bambus.

Bienenfreundliche Gehölze

Gehölze spielen in Gärten eine wichtige Rolle. Sie lassen, als Hecken gehalten, Gartenräume entstehen, bringen Blütenschmuck und Erntemöglichkeit und sind nicht zuletzt Sichtschutz. Auch für die tierischen Bewohner sind Bäume und Sträucher unverzichtbare Nahrungsquelle und Versteckmöglichkeit. So steigt nicht nur die Anzahl an Vögel, wenn ein Garten mehr Gehölze enthält, sondern auch der Artenreichtum anderer Tiere nimmt zu.

Wenn Sie im Garten ein Gehölz pflanzen möchten, hat die Wahl des passenden Standorts eine große Bedeutung. Im Gegensatz zu Staudenbeeten, die man bei Bedarf mit etwas Aufwand wieder verändern oder entfernen kann, ist die Entfernung eines Baums oder einer eingewurzelten Hecke Schwerstarbeit. Viele lassen sich von diesen möglichen Folgen leider abschrecken – und verzichten ganz auf Gehölze. Die Folge sind leere Siedlungen, in denen die Häuser die höchste Erhebung sind. In solchen Gebieten finden Tiere wenig Anreiz, sich anzusiedeln.

Doch auch wer keinen Platz für einen größeren Baum hat, kann mit der Wahl insektenfreundlicher Heckenpflanzen einen Beitrag zur Artenvielfalt leisten. Besonders wertvoll sind Gehölze, die früh im Jahr blühen, da zu dieser Zeit das Nahrungsangebot für Bienen noch sehr eingeschränkt ist. So bietet die schnittverträgliche Kornelkirsche schon im Februar Nektar und Pollen und wird daher von vielen Tieren besucht, ebenso wie die Mahonie. Aus dem gleichen Grund sind Weiden-Arten wie die Sal-Weide wertvoll. Wer Platz hat, kann weibliche (mehr Nektar) und männliche Pflanzen (viel Pollen, etwas Nektar) pflanzen. Muss man sich entscheiden, sollte man Letzteren den Vorzug geben – und hat somit Palmkätzchen als Draufgabe. Gute Bienennährgehölze sind auch Rosen, wobei nur Sorten mit ungefüllten Blüten für Insekten brauchbar sind. Besondere Blütenfülle bieten einfachblühende Kletterrosen, die während ihrer Blütezeit im Juni ein wahrer Bienenmagnet sind. Daneben sind Beerengehölze wie Brom- und Himbeeren sowie Johannisbeeren gute Nektarspender. Wer nicht alle alten Ruten von Brombeeren und Himbeeren entfernt, bietet neben den Blüten auch noch Nistmöglichkeiten für Wildbienenarten, die in den markhaltigen Stängeln ihre Nester anlegen.

Im Spätsommer, wenn es weniger Blütenpflanzen gibt, kommt den Gehölzen eine weitere wichtige Rolle zu. In kleinen Gärten können schnittverträgliche Kleingehölze wie Mönchspfeffer oder die Bartblume verwendet werden, die mit 1–3 m Höhe leicht im Zaum gehalten werden können. Wer die ultimative Bienenweide sucht, sollte jedoch den Bienenbaum pflanzen. Er blüht im Hochsommer und ist Rekordhalter, was die Bereitstellung von Nektar betrifft. Die Gehölze auf den folgenden Seiten wurden nach Tauglichkeit für Bienen, ökologischem Wert und Schmuckwirkung ausgesucht und stellen nur eine kleine Auswahl dar. Es lohnt sich auf jeden Fall, sich vor der Entscheidung in einer Baumschule die Auswahl zeigen zu lassen.

Bei der Auswahl von Zierkirschen ist es wichtig, auf ungefüllte Blüten zu achten. Durch ihre frühe Blüte sind sie für Insekten besonders attraktiv und werden in großer Zahl besucht.

1

2

3

4

5

6

7

8

9

10

11

12

13

14

15

Heckengehölze und Sträucher für Bienen

1 Gewöhnliche Felsenbirne
Amelanchier ovalis
2–4 m, Blüte IV–V, heimisch, robust, schöne Herbstfärbung, essbare Beeren im Herbst

2 Bartblume
Caryopteris × clandonensis
50–150 cm, Blüte VII–X, gerne von Bienen besucht, Rückschnitt erst im Frühling, mag trockene, heiße Stellen

3 Kornelkirsche
Cornus mas
3–6 m, Blüte II–III, wertvolle Frühtracht, essbare Früchte, gut schnittverträglich, für Hecken

4 Eingriffeliger Weißdorn
Crataegus monogyna
5–7 m, Blüte V–VI, schnittverträglich, daher gut für Hecken, schöne rote Beeren

5 Prachtdeutzie
Deutzia magnifica
2–3 m, Blüte VI, beliebter Heckenstrauch für Blühhecken, sehr schnittverträglich

6 Pfaffenhütchen
Euonymus europaeus
3–5 m, Blüte V–VI, unscheinbar, schöne Herbstfärbung und toller Fruchtschmuck, heimisches Gehölz

7 Mahonie
Mahonia aquifolium
100–150 cm, Blüte III–IV, wertvolle Frühtracht, blauer Beerenschmuck, gut schnittverträglich, immergrün

8 Schlehe
Prunus spinosa
3–4 m, Blüte IV–V, reiche Blüte, essbare Früchte, robust, für etliche Tiere wertvolle, heimische Art

9 Johannisbeere (diverse)
Ribes
1–2 m, Blüte IV–V, je nach Art essbare Beeren, mag nährstoffreiche Böden, beliebte Nutzpflanze, schmackhafte Beeren

10 Rosen
ungefüllte Blüten, je nach Art und Sorte 1–10 m, Kletterrosen blühen sehr reich, robust, viele schöne Wildarten

11 Brombeere
Rubus spec.
2–3 m, rankend, Blüte VI–VIII, einige trockene Stängel für Wildbienen stehenlassen!

12 Schwarzer Holunder
Sambucus nigra
4–7 m, Blüte V–VI, gut schnittverträglich, Sorten mit rotem oder panaschiertem Laub

13 Himbeere
Rubus idaeus
1,5–2 m, Blüte V–VII, die Blüten sind pollen- und nektarreich, schmackhafte Früchte, versch. Sorten

14 Gemeiner Schneeball
Viburnum opulus
3–4 m, Blüte V–VI, mag feuchtere Böden, die roten Beeren werden gerne von Vögeln gefressen, attraktiver Wuchs, auch einzelstehend schön

15 Mönchspfeffer
Vitex agnus-castus
1–3 m, Blüte VIII–X, in rauen Lagen Winterschutz, buschiger Wuchs, wertvolle Spättracht

Bäume für Bienen

1 Feld-Ahorn
Acer campestre
je nach Schnitt 1–15 m, Blüte V, gutes Heckengehölz, Bienen lieben die Blüten

2 Kastanie
Aesculus hippocastanum
20–25 m, Blüte V, ausladender Schattenbaum, attraktive Blüte und bekannte Früchte

3 Edel-Kastanie
Castanea sativa
15–20 m, Blüte VI–VII, für Maroni braucht man zwei Exemplare, wertvolle Bienenweide im Sommer

4 Quitte
Cydonia oblonga
4–8 m, Blüte V–VI, schöner Baum, schätzt nährstoffreiche Böden, duftende, essbare Früchte, gut für Gelee

5 Bienenbaum
Euodia hupehensis
5–8 m, Blüte VIII, wertvoller Sommerblüher mit reichem Nektarangebot, lockt erstaunlich viele Insekten an

6 Faulbaum
Frangula alnus
3–5 m, Blüte V–VIII, wichtiges Futtergehölz für Schmetterlinge, lange Blütezeit, lockt Bienen, Blüten unscheinbar

7 Apfelsorten
Malus
je nach Art 4–10 m, Blüte IV–V, wertvolle Frühlingstracht, essbare Früchte, Wildarten auch als Hecke

8 Kirschen und Pflaumen
Prunus (diverse)
je nach Art 10–20 m, Blüte IV–V, teilweise wertvolle Früchte, nur mit ungefüllten Blüten auch für Insekten wertvoll!

9 Trauben-Kirsche
Prunus padus
6–10 m, Blüte IV–V, stark duftend, heimisches Gehölz, Früchte für Vögel interessant, wüchsig, mag feuchte Böden

10 Kleeulme
Ptelea trifoliata
3–5 m, Blüte VI, zierende Blätter, unscheinbare Blüten, gut als einzelstehendes Gehölz

11 Birnensorten
Pyrus
je nach Sorte 3–20 m, Blüte IV–V, wertvolle Frühlingstracht, essbare Früchte, früher häufig gepflanzt, Streuobstwiesen

12 Sal-Weide
Salix caprea
6–10 m, Blüte III–IV, wichtiger Pollenlieferant im Frühling, schnittverträglich, »Kätzchen«

13 Kübler-Weide
Salix smithiana
5–8 m, Blüte III–IV, besonders reiche und große Blüte, zierendes Laub, schnittverträglich

14 Pimpernuss
Staphylea pinnata
2–4 m, Blüte V–VI, eigenartige Samenkapseln, schöner Wuchs, sollte frei stehen, in Gärten selten gepflanzt

15 Winter-Linde
Tilia cordata
20–25 m, Blüte VI, bei Bienen begehrt – »Lindenblütenhonig«, Blüten auch für Tee verwendet

6
11
7
12
8
13
9
14
10
15

Bienenfreundliche Pflanzenarten rund ums Jahr

Deutscher Name *Botanischer Name*	Standort	Höhe in cm	Blütenfarbe	Blütezeit												Besonderheiten
				J	F	M	A	M	J	J	A	S	O	N	D	
Christrose ◆ *Helleborus niger*	hs	30	weiß		■	■										wintergrün
Schneeglöckchen ◆ *Galanthus nivalis*	hs	15	weiß		■	■										Zwiebelpflanze
Winterling *Eranthis hyemalis*	hs	10	gelb		■	■										Zwiebelpflanze
Haselnuss ◆ *Corylus avellana*	so, hs	5–12 m	gelb		■	■										Gehölz
Elfenkrokus *Crocus tommasinianus*	hs	10	lila, violett			■										Zwiebelpflanze, sät sich aus
Blausternchen *Scilla bifolia, S. sibirica*	hs	10	blau			■										Zwiebelpflanze
Kornelkirsche ◆ *Cornus mas*	so, hs	2–6 m	gelb			■										Früchte, schnittverträglich
Nieswurz, Christrose *Helleborus foetidus* (u. a.)	so, hs	30–50	grünlich			■										schönes Laub, wintergrün
Frühlingsknotenblume ◆ *Leucojum vernum*	hs, feucht	20	weiß			■										Zwiebelpflanze
Buschwindröschen ◆ *Anemone nemorosa*	hs, humos	5–15	weiß			■	■									zieht rasch ein
Weiden ◆ *Salix*-Arten	so, hs, feucht	5–15 m	gelb-grün			■	■									wertvoll!
Lerchensporn ◆ *Corydalis solida, C. cava*	hs, humos	10–20	rot, rosa			■	■									zieht rasch ein
Leberblümchen ◆ *Hepatica nobilis*	hs	15	lila, weiß, rosa			■	■									langsam wachsend
Schlehe *Prunus spinosa*	so	3–6 m	weiß			■	■									Gehölz
Zierkirschen *Prunus*-Sorten	so, hs	4–15 m	weiß, rosa			■	■									Gehölz
Lungenkraut ◆ *Pulmonaria*-Arten	hs, feucht	30–50	violett mit rosa			■	■									
Schneeglanz *Chionodoxa luciliae*	hs	15	lila			■	■									Zwiebelpflanze
Spitz-Ahorn ◆ *Acer platanoides*	so, hs	10–20 m	grüngelb				■									Baum
Felsenbirne ◆ *Amelanchier ovalis*	so	2–4	weiß				■									Gehölz
Taubnessel-Arten ◆ *Lamium album* (u. a.)	hs	30–50	weiß, gelb, rosa				■									Bodendecker

so = sonnig; hs = halbschattig; abs = absonnig; sch = schattig; ◆ = heimisch

Bienenfreundliche Pflanzenarten rund ums Jahr

Deutscher Name *Botanischer Name*	Standort	Höhe in cm	Blütenfarbe	Blütezeit												Besonderheiten
				J	F	M	A	M	J	J	A	S	O	N	D	
Gewöhnliche Mahonie *Mahonia aquifolium*	so, hs	100–150	gelb				■									Gehölz
Schlüsselblume, Primel ◆ *Primula elatior, P. veris*	hs, feucht	10–20	gelb				■									
Zier-Johannisbeere *Ribes sanguineum*	so, hs	1–3 m	rosa, weiß				■									Gehölz
Silberblatt *Lunaria annua*	hs	40–100	lila				■									einjährig
Trauben-Kirsche ◆ *Prunus padus*	so, hs	6–10 m	weiß				■									Gehölz
Löwenzahn ◆ *Taraxacum officinale*	so	30–60	gelb				■	■								
Raps *Brassica napus*	so	80–120	gelb				■	■								
Apfel *Malus*-Sorten	so	3–15 m	weiß, rosa				■	■								Gehölz
Birne ◆ *Pyrus*-Sorten	so	3–20 m	weiß				■	■								Gehölz
Mondviole ◆ *Lunaria rediviva*	hs	50–110	blasslila				■	■								
Rosskastanie ◆ *Aesculus hippocastanum*	so, hs	20–25 m	cremeweiß				■	■								Baum
Kaukasusvergissmeinnicht *Brunnera macrophylla*	hs	20–50	blau, weiß				■	■								
Frühlings-Platterbse ◆ *Lathyrus vernus*	hs, humos	30–50	purpur und blau, rosa				■	■								
Nesselkönig *Lamium orvala*	hs	40–70	rosa, weiß				■	■								
Bach-Nelkenwurz ◆ *Geum rivale*	so, hs, feucht	20–40	rötlich				■	■								
Feld-Ahorn ◆ *Acer campestre*	so, hs	1–15 m	grünlich						■							Baum
Eingriffeliger Weißdorn ◆ *Crataegus monogyna*	so, hs	5–7 m	weiß						■							Gehölz
Vogelkirsche ◆ *Prunus avum*	so, hs	8–15 m	weiß						■							Baum
Kugel-Lauch *Allium aflatunense*	so, hs	80–120	violett						■	■						Zwiebelpflanze, zieht rasch ein
Schnittlauch *Allium schoenoprasum*	so	30–40	lila						■	■						Gewürzpflanze

so = sonnig; hs = halbschattig; abs = absonnig; sch = schattig; ◆ = heimisch

Bienenfreundliche Pflanzenarten rund ums Jahr

Deutscher Name *Botanischer Name*	Standort	Höhe in cm	Blütenfarbe	Blütezeit												Besonderheiten
				J	F	M	A	M	J	J	A	S	O	N	D	
Akelei *Aquilegia vulgaris*	hs, sch	60–120	violett, rosa, weiß					■	■							
Wiesen-Glockenblume ◆ *Campanula patula*	so, auf Wiesen	40–70	helllila					■	■							
Berg-Flockenblume ◆ *Centaurea montana*	so, hs	30–50	lila					■	■							
Koriander *Coriandrum sativum*	so	40–60	weiß					■	■							einjährig, Gewürz
Quitte *Cydonia oblonga*	so	4–8 m	weiß					■	■							Gehölz, Früchte
Pfaffenhütchen ◆ *Eonymus europaeus*	so, hs	3–5 m	grünlich					■	■							Gehölz
Wald-Storchschnabel ◆ *Geranium sylvaticum* (u. a.)	so, hs, nährstoffreich	50–100	lila, weiß					■	■							
Wiesen-Margerite ◆ *Leucanthemum vulgare*	so, auf Wiesen	30–80	weiß					■	■							
Immenblatt ◆ *Melittis melissophyllum*	hs	40–70	rosa-weiß					■	■							
Türkischer Mohn *Papaver orientale*	so	80–120	rot					■	■							
Robinie *Robinia pseudoacacia*	so	6–20 m	weiß					■	■							Baum
Schwarzer Holunder ◆ *Sambucus nigra*	so, hs, feucht	3–7 m	weiß					■	■							Gehölz
Pimpernuss *Staphylea pinnata*	so, hs	2–4 m	weiß					■	■							Gehölz
Gelbe Rauke *Sisymbrium strictissimum*	so, hs	90–160	gelb					■	■							viele Bienen!
Gemeiner Schneeball ◆ *Viburnum opulus*	so, hs, feucht	3–4 m	weiß					■	■							Gehölz
Echtes Labkraut ◆ *Galium verum*	so, trocken	30–50	cremegelb					■	■	■						
Acker-Witwenblume ◆ *Knautia arvensis*	so, auf Wiesen	60–120	lila					■	■	■						
Klatschmohn ◆ *Papaver rhoeas*	so	60–120	rot					■	■	■						einjährig
Jakobsleiter *Polemonium caeruleum*	hs	50–80	hellblau, weiß					■	■	■						
Knotige Braunwurz ◆ *Scrophularia nodosa*	hs	60–100	grünlich-braun					■	■	■						

so = sonnig; hs = halbschattig; abs = absonnig; sch = schattig; ◆ = heimisch

Bienenfreundliche Pflanzenarten rund ums Jahr

Deutscher Name *Botanischer Name*	Standort	Höhe in cm	Blütenfarbe	Blütezeit J	F	M	A	M	J	J	A	S	O	N	D	Besonderheiten
Akeleiblättr. Wiesenraute ◆ *Thalictrum aquilegifolium*	hs	80–120	rosa, weiß					x	x	x						
Ochsenzunge ◆ *Anchusa officinalis*	so	50–100	blau					x	x	x	x					
Borretsch *Borago officinalis*	so, hs	40–90	blau, weiß					x	x	x	x					einjährig
Faulbaum ◆ *Frangula alnus*	so, hs	3–5 m	weiß					x	x	x	x					Gehölz
Katzenminze *Nepeta*-Arten	so	30–120	lila, weiß					x	x	x	x					duftet
Schlangen-Knöterich ◆ *Bistorta officinalis*	so, hs, feucht	50–80	rosa					x	x	x	x					
Bunte Kronwicke ◆ *Securigera varia*	so	30–70	rosa					x	x	x	x					
Wilde Karotte ◆ *Daucus carota*	so	60–120	weiß					x	x	x	x					
Himbeere ◆ *Rubus idaeus*	hs	1,5–2 m	unscheinbar					x	x	x	x					Beerengehölz
Steppen-Salbei ◆ *Salvia nemorosa*	so	40–80	lila, weiß, rosa					x	x	x	x					
Karthäuser-Nelke ◆ *Dianthus carthusianorum*	so, trocken	30–60	rosa					x	x	x	x	x				
Steinklee ◆ *Melilotus officinalis*	so, trocken	40–120	gelb					x	x	x	x	x				
Lichtnelke ◆ *Silene dioica*	so, hs	30–120	rosa					x	x	x	x	x				
Gelber Lerchensporn *Corydalis lutea*	hs, sch	30–50	gelb					x	x	x	x	x	x			
Prachtdeutzie *Deutzia magnifica*	so, hs	2–3 m	weiß						x							Gehölz
Kleeulme *Ptelea trifoliata*	hs	3–5 m	grünlich						x							Gehölz
Rosen ◆ *Rosa*-Arten	so, hs	1–15 m	rosa, weiß, rot						x							Gehölz, Kletterpflanze
Winter-Linde ◆ *Tilia cordata*	so	20–25 m	Weiß						x							großer Baum
Kornrade ◆ *Agrostemma githago*	so	40–100	dunkelrosa						x	x						einjährig
Wald-Geißbart ◆ *Aruncus dioicus*	hs, sch	120–160	weiß						x	x						

so = sonnig; hs = halbschattig; abs = absonnig; sch = schattig; ◆ = heimisch

Bienenfreundliche Pflanzenarten rund ums Jahr

Deutscher Name *Botanischer Name*	Standort	Höhe in cm	Blütenfarbe	Blütezeit												Besonderheiten
				J	F	M	A	M	J	J	A	S	O	N	D	
Spargel *Asparagus officinalis*	so	80–200	gelblich						■	■						Gemüse
Sterndolde ◆ *Astrantia major*	so, hs, feucht	50–70	weiß, rosa						■	■						
Polster-Glockenblume *Campanula poscharskyana*	hs	20–30	lila						■	■						
Edel-Kastanie *Castanea sativa*	so, warm	15–20 m	weiß						■	■						Gehölz
Gemeine Schafgarbe ◆ *Achillea millefolium*	so, Wiesen	30–70	weiß						■	■	■					
Echter Wundklee ◆ *Anthyllis vulneraria*	so, Wiesen	20–40	gelb-weiß						■	■	■					
Seidenpflanze *Asclepias syriaca*	so	80–180	rosa						■	■	■					bildet Ausläufer
Knollige Seidenpflanze *Asclepias tuberosa*	so, trocken	40–70	orange						■	■	■					Bienenmagnet
Rapunzel-Glockenblume *Campanula rapunculus* ◆	so, hs	40–90	lila						■	■	■					wächst rasch
Skabiosen-Flockenblume *Centaurea scabiosa* ◆	son, Wiesen	50–100	rosalila						■	■	■					
Kornblume ◆ *Cyanea segetum*	son	80–100	Blau						■	■	■					einjährig
Gelber Fingerhut ◆ *Digitalis grandiflora, D. lutea*	hs, sch	60–160	hellgelb						■	■	■					
Natternkopf ◆ *Echium vulgare*	so	60–120	blau						■	■	■					
Mannstreu *Eryngium*-Arten	so	30–120	blau						■	■	■					
Mädesüß ◆ *Filipendula ulmaria*	so, hs, feucht	80–150	weiß						■	■	■					duftet
Gilbweiderich ◆ *Lysimachia vulgaris*	s, hs, feucht	60–120	gelb						■	■	■					
Schwarzkümmel *Nigella sativa*	so	20–40	blassblau						■	■	■					einjährig, Gewürzpflanze
Wiesen-Salbei ◆ *Salvia pratensis*	so, Wiesen	40–70	violett						■	■	■					
Quirlblättriger Salbei ◆ *Salvia verticillata*	so, trocken	30–50	violett, weiß						■	■	■					
Woll-Ziest *Stachys byzanthina*	so, Beetrand	20–50	hellrosa						■	■	■					

so = sonnig; hs = halbschattig; abs = absonnig; sch = schattig; ◆ = heimisch

Bienenfreundliche Pflanzenarten rund ums Jahr

Deutscher Name *Botanischer Name*	Standort	Höhe in cm	Blütenfarbe	Blütezeit J	F	M	A	M	J	J	A	S	O	N	D	Besonderheiten
Heil-Ziest ◆ *Stachys officinalis*	so	50–70	lila						■	■	■					
Lavendel *Lavandula angustifolia*	so, trocken	30–70	lila						■	■	■					duftet
Brombeere ◆ *Rubus*-Arten	so, hs	2–4 m	weiß						■	■	■					Beerengehölz
Königskerzen ◆ *Verbascum*-Arten	so	80–200	gelb, weiß						■	■	■					
Stauden-Ehrenpreis *Veronicastrum virginicum*	so, eher feucht	110–200	lila, weiß, rosa						■	■	■					
Färberkamille ◆ *Anthemis tinctoria*	so	40–50	gelb						■	■	■	■				
Ochsenauge ◆ *Buphthalmum salicifolium*	so, Wiesen	30–70	gelb						■	■	■	■				
Steinquendel *Calamintha nepeta*	so, trocken	30–50	weiß						■	■	■	■				duftet
Ringelblume *Calendula officinalis*	so	40–80	orange, gelb						■	■	■	■				einjährig, Heilpflanze
Wegerichblättr. Natternkopf *Echium plantagineum*	so, hs	30–40	violett						■	■	■	■				einjährig
Hornklee ◆ *Lotus corniculatus*	so, Wiesen	10–25	gelb						■	■	■	■				
Färber-Wau ◆ *Reseda luteola*	so	40–80	cremeweiß						■	■	■	■				
Acker-Senf ◆ *Sinapis arvensis*	so	40–100	gelb						■	■	■	■				
Moorabbiss *Succisella inflexa*	so, hs, feucht	40–70	helllila						■	■	■	■				
Duftnessel *Agastache foeniculum*	so	80–120	lila, blau						■	■	■	■	■			duftet
Wiesen-Flockenblume ◆ *Centaurea jacea*	so, Wiesen	40–80	rosalila						■	■	■	■	■			
Stauden-Sonnenblumen *Helianthus*-Arten	so, nährstoffreich	120–250	gelb						■	■	■	■	■			
Purpur-Witwenblume *Knautia macedonica*	so	50–120	purpurrot						■	■	■	■	■			
Wilde Malve ◆ *Malva sylvestris*	so, hs	60–140	rosa						■	■	■	■	■			
Leinkraut ◆ *Linaria purpurea*	so, hs	60–120	rosa, lila						■	■	■	■	■			

so = sonnig; hs = halbschattig; abs = absonnig; sch = schattig; ◆ = heimisch

Bienenfreundliche Pflanzenarten rund ums Jahr

Deutscher Name *Botanischer Name*	Standort	Höhe in cm	Blütenfarbe	Blütezeit J	F	M	A	M	J	J	A	S	O	N	D	Besonderheiten
Dost ◆ *Origanum vulgare*	so, trocken	40–70	rosa, weiß						■	■	■	■	■			Gewürz
Bienenweide *Phacelia tanacetifolia*	so, hs	50–80	lila						■	■	■	■	■			oft auf Äckern, Gründüngung
Tauben-Skabiose ◆ *Scabiosa columbaria*	so, trocken	40–50	helllila						■	■	■	■	■			
Thymian ◆ *Thymus serphyllus*	so, trocken	5–15	rosa						■	■	■	■	■			Gewürz
Kugelköpfiger Lauch *Allium sphaerocephalon*	so, trocken	40–100	purpurrot							■						viele Bienen
Nessel-Glockenblume ◆ *Campanula trachelium*	hs	60–120	lila							■	■					
Wegwarte ◆ *Cichorium intybus*	so, trocken	50–140	hellblau							■	■					
Purpur-Kratzdistel *Cirsium rivulare* 'Atropurpureum'	so, nährstoffreich	70–140	purpurrot							■	■					
Schmalblätt. Weidenröschen *Epilobium angustifolium* ◆	so, hs, feucht	120–160	rosa							■	■					
Echter Alant *Inula helenium*	s, hs	120–200	gelb							■	■					
Goldkolben *Ligularia*-Arten	so, feucht	80–180	gelb							■	■					teilweise schneckenempfindlich
Purpur-Sonnenhut *Echinacea purpurea*	so, nährstoffreich	100	rosa, weiß							■	■	■				
Fenchel *Foeniculum vulgare*	so, hs	120–160	gelbgrün							■	■	■				
Herzgespann *Leonurus cardiaca*	so, hs	100–150	weiß							■	■	■				
Bergminze *Pycnanthemum muticum*	so, trocken	80–120	weiß							■	■	■				duftet
Engelwurz *Angelica gigas*	so, feucht	100–140	rot							■	■	■				Doldenblütler
Riesen-Schuppenkopf; *Cephalaria gigantea*	so, nährstoffreich	150–230	hellgelb							■	■	■				
Wasserdost ◆ *Eupatorium cannabinum*	so, hs, feucht	80–120	rosa							■	■	■				
Purpur-Wasserdost *Eupatorium purpureum*	so, nährstoffreich	180–250	rosa							■	■	■				
Blutweiderich ◆ *Lythrum salicaria*	so, hs, nährstoffreich	100–150	purpur							■	■	■				

so = sonnig; hs = halbschattig; abs = absonnig; sch = schattig; ◆ = heimisch

Bienenfreundliche Pflanzenarten rund ums Jahr

Deutscher Name *Botanischer Name*	Stand- ort	Höhe in cm	Blüten- farbe	Blütezeit J	F	M	A	M	J	J	A	S	O	N	D	Besonderheiten
Rainfarn ◆ *Tanacetum vulgare*	so, trocken	80–130	gelb							■	■	■				
Herbst-Anemone, *Anemo-* *ne japonica*-Hybriden	so, hs	100–140	rosa, weiß							■	■	■	■			
Stauden-Knöterich *Persicaria amplexicaule*	so, hs	80–140	rot, weiß, rosa							■	■	■	■			blüht sehr lange
Ysop *Hyssopus officinalis*	so, trocken	40–60	lila, rosa, weiß							■	■	■	■			duftet
Strauch-Basilikum *Ocimum* 'African Blue'	so	40–80	helllila							■	■	■	■			wächst in Topf und Beet
Gelber Sonnenhut *Rudbeckia*-Arten	so, hs	80–200	gelb							■	■	■	■			
Hanfblättriger Eibisch *Althaea cannabina*	so, hs	120–220	rosa							■	■	■	■			
Patagonisches Eisenkraut *Verbena bonariensis*	so	100–160	lila							■	■	■	■			einjährig
Bienenbaum *Euodia hupehensis*	so, hs	5–8 m	grünlich								■					Gehölz, wertvoll!
Wald-Aster *Aster divaricatus*	hs	30–60	weiß								■	■	■			
Bartblume *Caryopteris × clandonensis*	so	50–150	blau								■	■	■			Strauch
Efeu ◆ *Hedera helix*	so	bis zu 20 m	grünlich								■	■	■			Kletterpflanze, Gehölz
Blauraute *Perovskia atriplicifolia*	so	80–150	blau								■	■	■			Halbstrauch
Fetthenne; *Sedum* (syn. *Hylotelephium) spectabile*	so	30–80	rosa, weiß								■	■	■			
Goldrute *Solidago*-Arten	so	50–220	gelb								■	■	■			Nicht alle wuchern!
Mönchspfeffer *Vitex agnus-castus*	so, hs	1–3 m	violett								■	■	■			Strauch
Herbst-Margerite *Leucanthemella serotina*	so, hs	120–160	weiß									■				
Raublatt-Aster *Aster novae-angliae*	so	100–150	rosa, lila, weiß									■	■			
Oktober-Silberkerze *Actaea simplex*	hs	60–140	weiß									■	■			duftet, rot- blättrige Sorten
Chrysantheme *Chrysanthemum*-Hybriden	so, hs	40–120	je nach Sorte									■	■	■		

so = sonnig; hs = halbschattig; abs = absonnig; sch = schattig; ◆ = heimisch

Adressen, die Ihnen weiterhelfen

Bezugsquellen für Pflanzen

Gärtnerei Blütenreich
Röderstraße 12
01454 Wachau OT Leppersdorf
www.gaertnerei-bluetenreich.de

Sylvia Göbel
Am Mühlberg 9A
19205 Schönfeld-Mühle
www.staudengaertnerei-sylviagoebel.de

Baumschule Eggert
Baumschulenweg 2
25594 Vaale
www.eggert-baumschulen.de

Annemarie Eskuche
Staudenkulturen am Söhnholz
29664 Ostenholz
www.stauden-eskuche.de

Staudengärtnerei Kirschenlohr
In der Haingereut 3
67346 Speyer
www.stauden-kirschenlohr.de

Die Staudengärtnerei
Till Hofmann und Fine Molz
Beerfeldener Str. 28
69483 Affolterbach
www.die-staudengaertnerei.de

Gärtnerei am Nassachtal
Heerstraße 150
73066 Uhingen
www.nassachtal-gaertnerei.de

Gärtnerei Extragrün
Am Anger 6
85356 Freising-Attaching
www.extragruen-freising.de

Staudengärtnerei Frank
Oberbiberger Str. 5
82064 Straßlach-Dingharting (Holzhausen)
www.stauden-frank.de

Staudengärtnerei Gaißmayer
Jungviehweide 3
89257 Illertissen
www.gaissmayer.de

Staudengärtnerei Augustin
Neunkirchener Str. 15
91090 Effeltrich
www.stauden-augustin.de

Sarastro Stauden
Ort im Innkreis 131
A-4974 Ort im Innkreis
www.sarastro-stauden.com

Kwekerij 'De Hessenhof'
Miranda en Hans Kramer
Hessenweg 41
NL-6718 TC Ede
www.hessenhof.nl

Hilfreiche Internetadressen

www.wildbienen.info

www.wildbienen.de

www.wildbiene.com

www.wildbienenschreiner.de

www.rewisa.at

www.naturgarten.org

www.wildblumensaatgut.at

www.rieger-hofmann.webseiten.cc

Stichwortverzeichnis

Seitenzahlen mit * verweisen auf Abbildungen

Bildnachweis

Alle Bilder von Katrin Lugerbauer, außer:

annstar14 – shutterstock.com: 80/14
Carmenrieb – fotolia.com: 80/6
ChWeiss – shutterstock.com: 80/4
Colette3 – shutterstock.com: 80/8
Cristina Jurca – shutterstock.com: 83/15
Dmitriy Linchevskiy – shutterstock.com: 80/12
Fotosr52 – shutterstock.com: 83/4
Hofmeister: 17
Inga Locmele – shutterstock.com: 80/1
Kanusommer – fotolia.com: 83/14
lcrms – shutterstock.com: 23
Luckyboost – fotolia.com: 35
motorolka – shutterstock.com: 83/12
neil hardwick – shutterstock.com: 69/28
Otto Durst – fotolia.com: 80/2
shalom3 – shutterstock.com: 80/7
Von Wolkenegg – fotolia.com: 83/3
www.Eggert-Baumschulen.de: 83/13
www.Florafoto.de: 83/6
www.kraeuter-und-duftpflanzen.de: 83/5

Grafiken Christine Faltermayr – nach Vorlagen von Katrin Lugerbauer

Über die Autorin

Katrin Lugerbauer studierte in Graz Germanistik und Geografie und unterrichtet seit mehreren Jahren an verschiedenen Schulen in Oberösterreich. Das Interesse an den Wildpflanzen ihrer Heimatregion zwischen Alpenvorland und Kalkalpen wurde bereits in der Kindheit geweckt, später kam zur Leidenschaft für die Natur die Begeisterung an Gartengestaltung und Fotografie hinzu.
Durch Praxis in der Staudengärtnerei Sarastro, Gestaltung und Pflege eigener Gärten, durch Gartenreisen, Selbststudium und Austausch mit Gartenfreunden erlangte sie bereits in jungen Jahren ein umfangreiches Staudenwissen, das sie auf ihrem Blog zusammen mit nicht weniger professionellen Fotos veröffentlicht.
Die Autorin lebt zurzeit im oberösterreichischen Kremstal und ist an mehreren Orten gärtnerisch tätig.
Sie betreibt diese beiden Seiten: Geranium-Homepage: www.geranium.at
Blog: hardy-geranium.blogspot.com

Impressum

Bibliografische Information der Deutschen Nationalbibliothek

Die Deutsche Nationalbibliothek verzeichnet diese Publikation in der Deutschen Nationalbibliografie; detaillierte bibliografische Daten sind im Internet über http://dnb.d-nb.de abrufbar.

BLV Buchverlag GmbH & Co. KG
80636 München

Umschlagkonzeption und Gestaltung: BLV Verlag

Umschlagfotos: Katrin Lugerbauer

Lektorat: Rita Meixner
Herstellung: Hermann Maxant
Layoutkonzept Innenteil: griesbeckdesign, Dorothee Griesbeck, München
Satz: BLV Verlag

Gedruckt auf chlorfrei gebleichtem Papier

Printed in Germany

ISBN 978-3-8354-1598-0

Hinweis
Das vorliegende Buch wurde sorgfältig erarbeitet. Dennoch erfolgen alle Angaben ohne Gewähr. Weder Autorin noch Verlag können für eventuelle Nachteile oder Schäden, die aus den im Buch vorgestellten Informationen resultieren, eine Haftung übernehmen.

www.facebook.com/blvVerlag